Haas | Hip-Hop. 100 Seiten

* Reclam 100 Seiten *

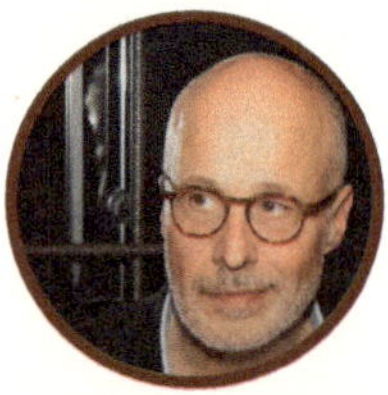

DANIEL HAAS, geb. 1967, war Redakteur des *Spiegel*, der *F.A.Z.* und der *ZEIT*. Zuletzt arbeitete er als Kulturkorrespondent der *NZZ* in Berlin. Neben US-amerikanischer Literatur ist Hip-Hop sein journalistisches Lebensthema. Seit 2005 schreibt er über das Genre und kann immer noch nicht genug vom Hip-Hop kriegen. Haas lebt als freischaffender Autor in Hamburg.

Daniel Haas

Hip-Hop. 100 Seiten

Reclam

»Chabos wissen, wer der Babo ist.«
Haftbefehl

Für Daniel Schüssler

3. Auflage

2023, 2024 Philipp Reclam jun. Verlag GmbH,
Siemensstraße 32, 71254 Ditzingen
info@reclam.de
Umschlaggestaltung: Philipp Reclam jun. Verlag GmbH
nach einem Konzept von zero-media.net
Infografik (S. 66 f.): annodare GmbH, Agentur für Marketing
Bildnachweis siehe Anhang
Umschlagmaterial: Creative Print, Schabert
Druck und Bindung: Elanders Waiblingen GmbH,
Anton-Schmidt-Straße 15, 71332 Waiblingen
Printed in Germany 2026
RECLAM ist eine eingetragene Marke
der Philipp Reclam jun. GmbH & Co. KG, Stuttgart
ISBN 978-3-15-020535-8
reclam.de

Für mehr Informationen zur 100-Seiten-Reihe:
reclam.de/100Seiten

Inhalt

Playlist zum Buch

Die Playlist zum Mithören (siehe Anhang »Abgenickt: Zwanzig Tracks zum Rein- und Weiterhören«) finden Sie online unter https://www.reclam.de/hip-hop bzw.

Intro: Das Wichtigste angespielt oder Warum Hip-Hop?

Eine Geschichte des Hip-Hop auf 100 Seiten ist ein Witz. Aber Witze haben die Eigenart, das Wichtigste maximal zu reduzieren und verständlich zu machen. Dies soll also ein im weiteren Sinne humorvolles Buch sein. Humor verstanden als Gespür für die Pointen und Volten, die die Kulturgeschichte für ihre Akteure und ihr Publikum bereithält.

> *»If we don't turn it around and give it back we can't move forward.«*
>
> DJ Quik

Was ist die zentrale Pointe der Geschichte des Hip-Hop? Dass eine Kunstform, die in Ghettos entstand, die von prekär lebenden Künstler:innen und Außenseiter:innen geschaffen und erst einmal nur von Afroamerikaner:innen und Hispanics wahrgenommen wurde, dass diese Kunstform heute das einflussreichste Musikgenre der Welt darstellt. Darüber hinaus hat Hip-Hop einen Markt geschaffen, der die lukrativsten Bereiche der Popkultur bewirtschaftet: Mode, Design, Sprache.

Für alle, die mit Bob Dylan, den Rolling Stones oder Joan Baez aufgewachsen sind, eine womöglich schockierende Tatsache: Rock ist durch Hip-Hop marginalisiert worden. Singer/Songwriter-Pop auch. Folk sowieso. Marktlogisch gesprochen. Und ästhetisch im Vergleich zu Hip-Hop, dieser gnadenlosen Innovationsmaschine, vermutlich auch.

Kids und Designer, Jugendliche und Werbefachleute, Young Adults und CEOs, sie alle reden von den neuen Songs von Drake. Von den aktuellen Tracks der deutschen Rapperin Badmómzjay. Von Kanye West, seinen Turnschuhkollektionen, seinen Skandalen.

Kanye West ist ein gutes Beispiel, um zu illustrieren, was Hip-Hop heute für ein globales Publikum bedeutet. Er ist der vielleicht eigensinnigste Popstar der Welt, eine aus dem Geist des Hip-Hop entstandene One-Man-Hit-Factory. Ein Unternehmen, das Mode, Film, Internetformate und Musik vermarktet. Dass West auch noch Präsident der USA werden wollte, ist nur auf den ersten Blick verstiegen. Wurde mit Reagan nicht ein Schauspieler Regierungschef? Und verkörperte umgekehrt nicht Barack Obama den Sexappeal der großen Soul-Crooner von Marvin Gaye bis John Legend? West steht zudem für die Schattenseiten von Hip-Hop wie kaum ein anderer Rapper. Er hofierte Donald Trump und verstieg sich öffentlich zu der Bemerkung, Sklaverei sei »a choice«, People of Color hätten sich für die Sklaverei »entschieden«. Im Oktober 2022 beendete Adidas die Zusammenarbeit mit West aufgrund seiner antisemitischen Kommentare. Das Popgenie hatte sich in brutaler Weise disqualifiziert und gleichzeitig bewiesen, dass die globalen Aufmerksamkeitsmärkte von Hip-Hop dominiert werden.

> *»Hip-Hop ist alles.«*
> Marie, 21 Jahre

Schwarzer Pop, und darunter muss man Hip-Hop fassen,

ist also viel mehr als ein Musikgenre. Er ist eine Kulturform, sie wird in ihren verschiedenen Spielarten überall wahrgenommen, verwertet, gefeiert. Eine umfassende, präzise Geschichte des Hip-Hop müsste nicht 100, sondern 1000 Seiten umfassen. Sie müsste zugleich globale Kulturhistorie und regional orientierte Musikanalyse sein, eine Enzyklopädie der Gegenwart in musikalischer und designgeschichtlicher Perspektive.

Was sollen also diese 100 Seiten? Sie sollen vor allem Lust machen auf die Musik und auf die sich an Hip-Hop anschließenden Innovationen. Sie sollen das Bewusstsein schärfen für die sozialen Ungerechtigkeiten und politischen Katastrophen, deren Spiegel Hip-Hop von Anfang an war und bis heute ist.

Die Geschichte des Hip-Hop ist auch eine von Afroamerika. Die Auseinandersetzung mit der Hip-Hop-Kultur hilft, die gesellschaftspolitischen Zusammenhänge innerhalb der USA zu begreifen. Aus Platzgründen kommt neben US-amerikanischem Hip-Hop nur der deutsche zu Wort. Frankreich ist eine große Rap-Nation, England auch. Der arabische Raum, die afrikanischen Länder, Russland, Osteuropa: alles faszinierende Hip-Hop-Regionen. Die Bücher über sie werden womöglich gerade geschrieben.

Am Ende entscheiden immer das Gehör, das Herz, die Laune. Das ist gut so. Es gibt genialische Rapper, die mich nerven. Eminem gehörte lange dazu. Heute brauche ich mindestens einmal pro Woche eine fette Dosis »Em«.

Es gibt Rapper, die rhetorisch und reimtechnisch ziemlich untere Schublade sind, aber ein Vers von ihnen, hingenuschelt zu einem guten Beat, und ich bin hin und weg. Die Rapperin Young M.A ist so ein Fall. Sie kommt aus New York und ist lesbisch. Das muss man deshalb erwähnen, weil sie unverblümt von ihren »Bitches« spricht, wie sie Frauen abschleppt und Konkurrenten aussticht. Dank Young M.A habe ich begriffen, dass Identifikation nicht über sozialen Status oder die gemeinsame Zugehörigkeit zu einer Klasse beziehungsweise Ethnie funktioniert. Sondern darüber, welche Position jemand in einem sozialen Gefüge einnimmt. Deshalb kann ich, der intellektuelle Eierkopf, der auf dem Schulhof oft das Nachsehen hatte, mich identifizieren mit einer afroamerikanischen Lesbe, die von ihrem Stress im New Yorker Ghetto rappt.

Das ist überhaupt das Beste an Hip-Hop: Er ist für alle da.

Es empfiehlt sich, ein Amerikanistik-Seminar zu besuchen, um Bob Dylan in allen Facetten zu verstehen. Oder Kunstgeschichte zu studieren, um bei David Bowie mitzukommen. Aber Jay-Z, Kanye West, Missy Elliott oder Queen Latifah hauen einfach rein, wenn ich es zulasse. Natürlich sind ihre Texte anspielungsreich, voller Verweise auf Geschichte und Politik. Aber der Beat wirkt auf einer anderen Ebene. Der Beat klopft dich weich, weicht dich auf, macht dich durchlässig. Für was? Für die ästhetische Erfahrung, hätte man früher gesagt. Für einen glücklichen Moment, sage ich.

Rapper's Delight:
Die Geschichte des Hip-Hop auf fast einen Blick

US-Amerika und Deutschland: Auf diese beiden Spielorte des Hip-Hop konzentriere ich mich. Amerika, weil dort Hip-Hop in den 70er Jahren entstanden ist. Und Deutschland, weil ich anhand des deutschsprachigen Rap einige ästhetische Eigenheiten des Genres gut erklären kann. Hier schnell ein paar Worte zur Begrifflichkeit: Genau genommen ist Hip-Hop immer ein Ensemble. Es besteht erstens aus der Kunst des Graffiti. Zweitens aus dem mündlichen Vortrag, also dem Rap. Hinzu kommt drittens das Tanzen in verschiedenen Varianten, am bekanntesten ist wohl der so genannte Break Dance, das Breaking. Und schließlich viertens die Kunst des Plattenauflegens, die Arbeit des DJs, kurz: DJing. Im Lauf der Zeit hat sich Hip-Hop als Synonym für die Kunst des Rappens etabliert. In diesem Sinn verwende ich Hip-Hop als Begriff für den musikalischen Vortrag bzw. die musikalische Produktion.

Aber was ist nun mit dem B-Boying und B-Girling? Also der Akrobatik, die Jugendlichen weltweit eine neue Art, athletisch, verwegen und artistisch zu sein, erschlossen hat? Wo bleibt das Scratching, das hektisch-präzise Hin-und-her-Reißen der Schallplatte mit dem Effekt, dass aus einer Störung ei-

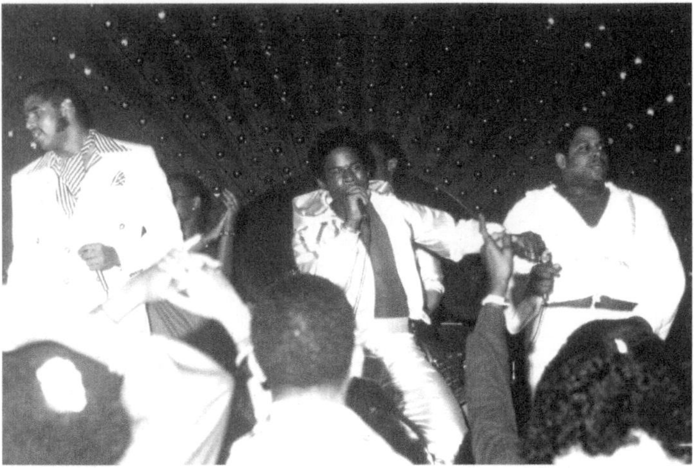

»Rapper's Delight«: Die Sugarhill Gang – Wonder Mike, Master Gee und Big Bank Hank

ne akustische Kunsterfahrung wird? Was ist denn mit all diesen tollen Ausdrucksformen von Hip-Hop, verdammt nochmal? Sie müssen in ein anderes Buch.

Als Auftakt des weltweiten Siegeszugs des Hip-Hop gilt nach wie vor der Song »Rapper's Delight« aus dem Jahr 1979: Ein Party-Song, produziert von der US-Amerikanerin Sylvia Robinson, aufgenommen von der Sugarhill Gang. Bis dahin war Hip-Hop wie gesagt eine Kombination aus Spraying, Breakdancing, DJing und MCing (von Master of Ceremonies, der ›Sprechgesangkünstler‹, also Rapper) gewesen. Bildende Kunst (Spraying), Tanz, mündlich-künstlerischer Vortrag und die Kunst des Plattenauflegens schlossen sich zu einer aufregenden neuen Ästhetik zusammen.

Mit »Rapper's Delight« wird dieser vor Ort und live gespielte Sound mehrheitsfähig und vermarktbar. Es war eine ziemliche Überraschung für die Rapper und Produzenten, dass ihr Song so erfolgreich war. Nichts ist mächtiger als eine Idee, deren Zeit gekommen ist, heißt es. In den 80er Jahren, einer Ära des sich verschärfenden Wettbewerbs und der Zuspitzung des Freund-Feind-Denkens (Ost gegen West), war die Zeit reif für Hip-Hop. Im Folgenden die wichtigsten Stationen.

The United States of Hip-Hop: Wie es anfängt

80er Jahre

Hip-Hop entsteht in den urbanen Zentren Afroamerikas. Erst in New York, dann in Los Angeles. Eine junge afroamerikanische Unterschicht bringt ihren Ärger über die Unrechtsverhältnisse in Nordamerika zum Ausdruck. Weil passendes technisches Gerät teuer oder noch nicht erfunden worden ist, wird der Beat a cappella hergestellt. Beim so genannten Beatboxing produziert ein Künstler – ein Schlagzeug nachahmend – mit Knall- und Prustgeräuschen den Beat. Ein MC rappt dazu.

Vor allem in der New Yorker Bronx gibt es die ersten Hip-Hop-Partys. Der Musiker Afrika Bambaataa spielt an zwei Turntables zwei Platten parallel ab und blendet von einer zur anderen. Auf diese Weise kann er die gesangsfreien Teile neu zusammensetzen bzw. aneinanderfügen. Ein so genannter Loop entsteht, eine Schleife des sich fortsetzenden Beats. Dazu rappt ein MC. Die musikalische Revolution namens Hip-Hop ist aus der Taufe gehoben.

Nach dem Erfolg von »Rapper's Delight« erobert das Genre die Charts, die Kopfhörer, die Autoradios und die Clubs erst der US-Amerikaner, dann der Welt. Erste namhafte Hip-Hop-Stars sind LL Cool J, Run DMC und die Rapperin Queen Latifah (alle 80er und 90er Jahre), deren Texte heute in Seminaren zur US-amerikanischen Literatur gelesen werden.

Der New Yorker Rapper Rakim revolutioniert gemeinsam mit DJ Eric B das Genre. Wichtige Tracks: »Paid in Full«, »Follow the Leader«, »Let the Rhythm Hit 'em«. Rakim verwendet als erster Rapper für seinen Vortrag Enjambements. Das heißt, die Strophe endet nicht mehr am Ende des Takts, sondern wird quasi durchgesprochen. Bei den ersten Aufnahmesessions dachten die Produzenten im Studio, Rakim habe das Rappen verlernt. Bis sie begriffen: Rap ist elegant, flüssig und virtuos geworden.

90er Jahre

Die 90er Jahre gelten als Goldenes Zeitalter des Hip-Hop. Zwischen 1994 und 1999 entstehen zahlreiche für das Genre stilprägende Alben. Diese Zeit wird oft fälschlicherweise als Old-School-Ära bezeichnet. Der Paradigmenwechsel zwischen Old und New School fand aber schon vorher statt. Rakim ist der erste erfolgreiche Rapper neuer Schule, der die alte, heute abgehackt wirkende Art des Vortrags durch seine fließenden Reime – seinen Flow – ersetzt. Die folgenden Künstlerinnen und Künstler zählen zu den bedeutendsten der 90er Jahre. Auf viele von ihnen gehe ich später noch ein.

Tupac und The Notorious B.I.G., zwei der einflussreichsten Rapper aller Zeiten, werden erst zu Freunden, dann zu Konkurrenten, schließlich zu Feinden. Dazu später mehr. Zeitgleich tritt das stark am Jazz und den schwarzen Befreiungsbewegungen orientierte Hip-Hop-Kollektiv De La Soul auf den Plan. Ein Track von De La Soul auf die Kopfhörer, und der Tag beginnt energisch, mit Zuversicht und geschärftem Bewusstsein.

1993 ist ein Hundejahr: Der Westküsten-Rapper Snoop Dogg, der stolz seine Gangmitgliedschaft ausstellt, präsentiert sein Debütalbum *Doggystyle*. Federnde, mit Funk gesättigte Beats, versaute, teils humorige, teils gesellschaftskritische Texte – ein sehr gut gealtertes Album und der Beweis, dass Hip-Hop ein wichtiges Stilreservoir für andere Genres ist (insbesondere Funk, Soul, R&B).

P. Diddy aus New York entscheidet sich gegen eine Modekarriere und für die Rolle des Produzenten mit genialischem Gespür für die popkulturellen Bedürfnisse urban geprägter Hörer und Hörerinnen. Seine Entdeckung: The Notorious B.I.G. An der Westküste ebenfalls ein Produzenten- und Popgenie: Dr. Dre wird mit seiner gesellschaftskritischen Hip-Hop-Formation N.W.A (»N-Word Wit Attitudes«) zum musikalischen Sprachrohr der prekär und marginalisiert lebenden People of Color in Los Angeles.

In den 90ern politisiert sich Hip-Hop immer mehr. Es treten auf: der Aktivist KRS-One, der selbst ernannte »Preacher & Teacher« und erste Bildungsbürger des Hip-Hop. Die ultrafunky, die Bürgerrechtsbewegung aggressiv aufgreifende Gruppe Public Enemy mit den Rappern Chuck D und Flavor Flav. Das New Yorker Rap-Kollektiv Wu-Tang Clan, das per Sampling Dialoge und Musik aus asiatischen Martial-Arts-Filmen in Rap-Tracks einspeist und eine wilde, multikulturelle Stilinklusion betreibt. Der auch von Konkurrenten als einer der besten Rapper der Welt gefeierte Nas aus New York, dessen Texte immer auch Vorlesungen über die bestehenden Unrechtsverhältnisse in Afroamerika sind.

Mit dem New Yorker Jay-Z wird Hip-Hop zum Big Business. Nicht umsonst heißt einer seiner legendären Verse: »I'm not a business man. I'm a business, man!« Die kapitalistischen Verhältnisse richten das künstlerische Subjekt zu, klar. Es richtet sich aber auch diese Verhältnisse entsprechend lukrativ her. Auch hierzu später mehr.

Und schließlich: Eminem. Weiß, aus ärmsten Trailer-Park-Verhältnissen, steigt er zum Rap-Megastar und Zungenbrecher-Poeten auf. Eine alle ethnischen Klischees und Vorurteile durchkreuzende Karriere, die zeigt: Die Hautfarbe ist vielleicht Stigma oder Privileg (je nach Blickwinkel), aber keine unhintergehbare Kategorie, wenn es um künstlerische Teilhabe geht. Das macht Hoffnung. Und was ist Hip-Hop, wenn nicht auch ein großer popkultureller Ausdruck von Hoffnungen und utopischen Selbstentwürfen?

Die Frauen ziehen mit und nach: Wichtige Rapperinnen machen den Männern Konkurrenz: Erst MC Lyte, Roxanne Shanté und Queen Latifah, dann Lauryn Hill (von The Fugees), Lil' Kim (die zeitweilige Lebensgefährtin von The Notorious B.I.G.) und Foxy Brown. Später treten auf: Eve und das Multitalent Missy Elliott, die gleichermaßen erfolgreich produziert und rappt. Außerdem: Nicki Minaj, Cardi B und Megan Thee Stallion. Jede wäre eine eigene Monographie wert.

Hip-Hopper und R&B-Künstlerinnen arbeiten außerdem seit den 90er Jahren eng zusammen. Die Soul-Sängerinnen Aaliyah (R.I.P.), Mary J. Blige (»The Queen of Hip-Hop Soul«), Erykah Badu (die Mitbegründerin des sogenannten Neo Soul) und Keyshia Cole treten als Gastsängerinnen von

Hip-Hop-Tracks auf. Umgekehrt wird der R&B clubtauglicher, das heißt tanzbarer durch schwere, am Hip-Hop orientierte Beats.

Nuller Jahre bis heute

Eminem entwickelt sich im Lauf der Nuller Jahre zum Großkünstler des Rap. Seine Reime werden immer raffinierter. Seine Themen erschließen für den Hip-Hop neues Terrain. Er rappt über seinen Hass auf die Mutter, die Armut des weißen, im Trailer Park aufwachsenden Jugendlichen, über Suizid – lange ein Tabuthema im Hip-Hop.

Der New Yorker 50 Cent belebt nach N.W.A, Ice-T und Snoop Dogg das Gangsta-Rap-Genre neu. Produziert von Dr. Dre erzählt er von den Härten des Großstadtlebens. Gewalt, Kriminalität, die Jagd nach Geld sind seine zentralen Themen. »In da Club« (2003) ist nach wie vor ein auf allen Ebenen – thematisch und soundästhetisch – schlüssiger Track, der im Club ebenso funktioniert wie im Auto oder zu Hause, wenn man glaubt, einen Männlichkeits-Boost alter Schule zu brauchen.

Der später sich selbst durch Skandale marginalisierende Kanye West nimmt erst mal ein bedeutendes Album nach dem anderen auf: *The College Dropout* (2004), *808s & Heartbreak* (2008), *The Life of Pablo* (2016) und *Donda* (2021). In der Folge wird sein Sound immer experimenteller. Seine Heirat mit Fernsehmegastar Kim Kardashian (*Keeping Up With the Kardashians*) wird 2014 von der weltweiten Fangemeinde mit Milliarden Klicks und fasziniertem Kopfschütteln quittiert. Hinzu kommen Wests Aktivitäten als Designer und politischer Aktivist. Sein Engagement für die Wiederwahl Donald Trumps zum US-amerikanischen Präsidenten 2020 wird nunmehr als Marotte eines durchgedrehten Genies gedeutet. Wests Zusammenarbeit mit Adidas und die Kreation der Sneaker-Reihe Yeezy machen ihn schließlich annähernd zum Milliardär. Sein Rauswurf, der auf seine antisemitischen Äußerungen folgte, erschütterte das Unternehmen und die Hip-Hop-Community, weil sie begriff, dass artistisches Genie nicht vor Beklopptheit schützt.

Jay-Z wird zum sogenannten Hip-Hop-Mogul. Seine Alben *Reasonable Doubt* (1996), *The Blueprint* (2001) und *The Black Album* (2003) gelten als Wegmarken in der Entwicklung des Genres. Als Geschäftsmann hat er Erfolg in zahlreichen Sparten: Gastronomie, Mode, Getränke, Sport, um nur einige zu nennen. Gemeinsam mit seiner Frau, der Soulsängerin Beyoncé, verkörpert er eine Form afroamerikanischer Aufwärtsmobilität im immer noch rassistischen Amerika, die neue Maßstäbe setzt. Kulturelles und monetäres Kapital verschmelzen in beispielloser Weise. Beyoncés und Jay-Zs Unternehmergeist zahlt sich aus: Mitte der 10er Jahre knacken sie gemeinsam die Milliarden-Dollar-Vermögensgrenze.

In New York bewährt sich Nas weiterhin als exzellenter Lyriker. Seine Alben *God's Son* (2002) und *Street's Disciple* (2004) heben die Dichtung des Rap mit vertrackten Metaphernketten und filigranen Erzählungen auf das nächsthöhere Niveau.

Der weibliche Hip-Hop überblendet sexistische Klischees mit ironisch-bissiger Rhetorik zu einer postmodernen Selbstermächtigung. Die Rapperin Nicki Minaj verkörpert in dieser Hinsicht zwar äußerlich die Lustphantasie des Pornographen, gibt sich textlich aber als knallharte Feministin. Weibliche Fans erkennen in ihr die selbstbewusste Frau, die sich in einem von

Männern dominierten Business durchsetzt. Eine Zeitlang firmiert sie als Allzweckwaffe, wenn männliche Rapper ihre Songs mit Sexappeal und Reimtalent aufwerten wollen. Ihre Kollaborationen sind berüchtigt, darunter jene mit dem so skurrilen wie genialischen Lil Wayne und dem Enfant terrible des Straßen-Rap, Tekashi69.

An der Westküste kombiniert der Rapper Kendrick Lamar politische Kritik mit einem eleganten, Sample-verliebten Sound. 2018 erhält er als erster Hip-Hopper den Pulitzer-Preis für Musik. Sein 2022 erschienenes Album *Mr. Morale & the Big Steppers* gehört textlich und klangästhetisch zum Besten, was an zeitgenössischem Hip-Hop zu hören ist, ich komme noch darauf zurück. Unterdessen erobert der Kanadier Drake ein weltweites Publikum. Drake ist zeitweise der erfolgreichste, das heißt am meisten gestreamte Popkünstler der Welt. Seine Texte sind auf neue Weise persönlich. Er besingt nicht die Probleme des Gangsters und selbst ernannten Frauendompteurs, sondern die Liebesdramen eines modernen Künstlers, der versucht, seinen Mann zu stehen, ohne ein Macho zu sein.

Drake und Kanye West nutzen die digitalen Kanäle für ein zukunftsweisendes Marketing. Alben werden über Twitter, Instagram und YouTube promotet. Begleitende Kunstaktionen (Kanye West lässt vor einer Albumveröffentlichung rätselhafte Videos auf Hauswände in Berlin und New York projizieren) begeistern die Feuilletons ebenso, wie sie die Fans bei Laune halten.

Hip-Hop ist Anfang der 20er Jahre das wirtschaftlich erfolgreichste Popgenre der Welt. Keine andere Spielart der populären, digital verbreiteten Musik kann wirtschaftlich mithalten – selbst die in Amerika seit Jahrzehnten extrem erfolgreiche Country-Musik nicht. Hip-Hop hat die Jugendkultur in mehreren Bereichen revolutioniert. Mode, Musik, Sprache – die Alltagskultur der Generation Z und der Millennials ist ohne Hip-Hop nicht mehr vorstellbar.

Absolute Beginner: Hip-Hop in Deutschland

90er Jahre

Ähnlich wie mit »Rapper's Delight« steht am Beginn der Geschichte des deutschen Hip-Hop ein tanzbarer und vergleichsweise harmloser Track: 1992 veröffentlichen Die Fantastischen Vier aus Stuttgart den Song »Die da!?!«. Textlich und Raptechnisch wirkt »Die da!?!« heute wie ein beschwingtes Kinderlied. Die Deutschunterrichtslyrik hat es jedoch in sich: Erzählt wird von einer Femme fatale, die zwei Machos auflaufen lässt.

Der zweite, gesellschaftspolitisch bedeutsame und bis heute einflussreiche Track dieses Gründungsjahrs ist »Fremd im eigenen Land« der Heidelberger Hip-Hop-Gruppe Advanced Chemistry. Der Song ist visionär, er fächert mit einem für die Zeit überraschend eleganten Flow die Probleme migrantischstämmiger Deutscher auf. »Ist es so ungewöhnlich, wenn ein Afro-Deutscher seine Sprache spricht / Und nicht so blass ist im Gesicht? Das Problem sind die Ideen im System / Ein echter Deutscher muss auch richtig deutsch aussehn!« Genau: Aussehen und Herkunft, Sprache und persönlicher Stil sind zu umkämpften Größen in den identitätspolitischen Auseinandersetzungen geworden. Sie beschäftigen uns heute mehr denn je. Man kann die Bedeutung von Toni-L, Linguist, Gee-

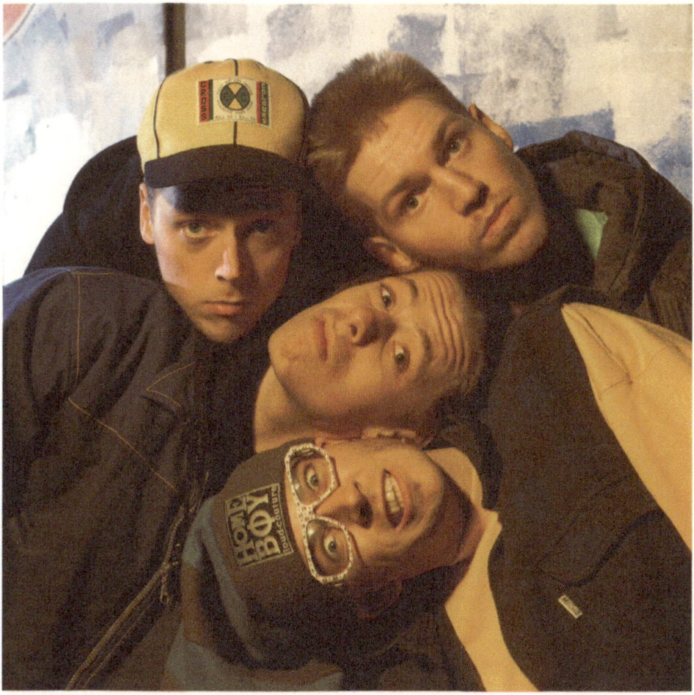

Die Fantastischen Vier: Thomas D. (Thomas Dürr), And.Ypsilon (Andreas Rieke), Dee Jot Hausmarke (Michael Beck) und Smudo (Michael Schmidt) 1993

One, DJ Mike MD und Torch, so die Künstlernamen der Musiker von Advanced Chemistry, nicht hoch genug einschätzen. Alle, die heute Hip-Hop hören und lieben, sind ihnen dankbar: für ihre Lässigkeit, ihre Coolness, ihren Mut, ihren politische Verve. Ihre geniale große Klappe.

Die Rapperinnen Tic Tac Toe krempeln 1996 und 1997 mit zwei Alben (*Tic Tac Toe* und *Klappe die 2te*) die deutsche Popszene weiter um. Das Trio sei nur von Produzentinnen zusammengecastet worden, unkte damals das Feuilleton. Na und?, möchte man heute fragen. 50 Cent wurde auch von Dr. Dre und Eminem gecastet. Tic Tac Toe beweisen, dass weibliche Stimmen Hip-Hop entscheidend mitdefiniert haben. Und die Frankfurterin Sabrina Setlur rappt ab 1995 als eine der ersten deutschen Hip-Hopperinnen mit migrantischem Hintergrund über die Herausforderungen eines emanzipierten Lebens.

Frankfurt a. M. und Hamburg treten als Epizentren deutscher Hip-Hop-Karrieren auf den Plan: Am Main debütieren Moses Pelham und Rödelheim Hartreim Projekt mit einem taffen Sound und sozialkritischen Texten (1994). In Hamburg formiert sich mit Fünf Sterne Deluxe, Absolute Beginner und Fettes Brot eine zwischen Partyspaß und Gesellschaftskritik vermittelnde Rap-Szene.

Nuller Jahre

Hip-Hop bewährt sich in Deutschland als rhetorischer und stilistischer Schmelztiegel der Kulturen. Migrantische Künstlerinnen und Künstler wollen Sichtbarkeit und Aufmerksamkeit. Dies bereichert den deutschen Hip-Hop in ungeahnter Weise: Die Texte werden komplexer, nicht-deutsche Idiome werden eingespeist. Der Sound, orientiert an den Produktionsverhältnissen in den USA, macht einen Quantensprung – weg von »Die da!?!« hin zu »In da Club«.

Die Rapper Kool Savas (Berlin), Azad (Frankfurt a. M.) und Samy Deluxe (Hamburg) sind das Dreigestirn eines männlichen, mal mehr, mal weniger zeitkritischen Deutsch-Rap.

Savas bedient das Image des harten Straßenjungen und etabliert mit Schmähtracks gegen die Hamburger Konkurrenz das Genre des Battle-Rap (von to battle: kämpfen) in Deutschland.

Deutscher Hip-Hop differenziert sich in zwei Richtungen aus: auf der einen Seite der am US-Gangsta-Rap orientierte harte Hip-Hop von Savas und Azad. Auf der anderen eine politisch tendenziell linke Gesellschaftskritik in Gestalt von Hip-Hop-Künstlern wie Samy Deluxe, Torch und Curse. Im Jahr 2001 gründen die drei Hip-Hop-Promoter und -Künstler Specter, Halil und Spaiche das Label Aggro Berlin. Nach zahlreichen Mixtapes veröffentlichen sie im Jahr 2003 das Debütalbum des Deutschtunesiers Anis Ferchichi alias Bushido, *Vom Bordstein bis zur Skyline*. Im selben Jahr verabschiedet die Schröder-Regierung die Agenda 2010. Entsteht mit der sogenannten Hartz-IV-Regelung ein neues Prekariat, so illustriert Bushido in seiner Musik fast zeitgleich die gesellschaftlichen Folgen sozialer Benachteiligung. Die Mittelschicht, sich wohlig gruselnd und das eigene kulturelle Kapital vermehrend, besichtigt im von RTL II und anderen Boulevard-Medien ausgestellten Hartz-IV-Empfänger das Schreckgespenst einer Zukunft, in der so ziemlich alles schiefgelaufen ist. Bushido wird das inoffizielle Sprachrohr einer migrantischen, mit Hip-Hop aufwachsenden Generation, der man mit den klassischen weißen Mittelschichtsgenres Indiepop, Folk und Rock nicht mehr kommen muss. Auch deshalb wird Deutsch-Rap kommerziell immer erfolgreicher.

Zugleich wird deutscher Hip-Hop scharfzüngig und politisch. Er folgt damit dem US-amerikanischen Weg, dort hat das Genre den Graben zwischen Kunst und Kommerz längst geschlossen. 2004 veröffentlicht der Rapper Sido sein Debütalbum *Maske*. Paul Würdig alias Sido trägt eine silberne Totenkopfmaske. Lange Zeit wissen die Fans nicht, wie er aussieht. Ist Bushido der aggressive Migrant mit wuchtiger Zornrhetorik, verkörpert Sido den Underdog als Hofnarr einer Wohlstandsgesellschaft, die auf seinesgleichen herabsieht und die deshalb entsprechend provoziert werden muss. Sidos »Arschficksong« schallt durch bundesdeutsche Jugendzimmer, und Eltern von Sylt bis Stuttgart fragen sich, was ihre Kids da hören. Die Kids wissen, was sie da hören: einen neuen, derb-verschmitzten Hip-Hop, der von nun an in Deutschland stilprägend sein wird.

Bis 2009 dominiert Aggro Berlin mit seinen Künstlerinnen und Künstlern die deutsche Hip-Hop-Szene. Vor allem der mit nationalistischen Motiven spielende, als Beinahe-Hooligan auftretende Fler wird neben Bushido zum Star. Kontroversen mit Label-Kollegen, vor allem mit dem einstigen Mitstreiter Bushido, sorgen für viel Publicity.

Die sogenannte Amerikanisierung des Genres erlebt mit DJ Tomekk einen weiteren Höhepunkt. 2005 veröffentlicht Tomekk den Track »Jump, Jump« mit einem Sample des US-amerikanischen Duos Kriss Kross. Den deutschen Rap steuern Fler und G-Hot bei. An Tomekk entzündet sich ein Kulturkampf in der Hip-Hop-Szene: Ist der gut tanzbare Track »Jump, Jump« eine Anbiederung an den US-amerikanischen Stil bzw. Markt oder der Beweis, wie international deutscher Hip-Hop klingen kann? Tatsächlich ist DJ Tomekk einer der wichtigsten Wegbereiter für Hip-Hop in Deutschland. Noch bevor der weiße Rapper Eminem zum Megastar wurde, galt der polnischstämmige Deutsche DJ Tomekk in Amerika als ernstzunehmender Künstler. Er arbeitete mit zahlreichen Größen des Genres zusammen, darunter Kurtis Blow, Jay-Z, die Fugees, Xzibit und MC Lyte.

Ab 2010 etabliert sich deutscher Hip-Hop weiter als dominantes Genre in den Charts. Die von Aggro Berlin etablierte »Ästhetik der Härte« (der Popkritiker Thomas Gross in *Die ZEIT*) bleibt weitgehend die Blaupause für erfolgreichen Rap. Daneben bewährt sich der mit Pandamaske auftretende Stuttgarter Cro als Rapper in der Tradition der Fantastischen Vier: amüsant-schlaue Texte und ein zwischen Pop, Soul und 90er-Jahre-US-Hip-Hop changierender Stil bescheren ihm immensen Erfolg.

Im Rap des Offenbacher Deutschtürken Haftbefehl verschmelzen Deutsch, Türkisch, Englisch, Fachbegriffe aus der Welt der Computerspiele und Slangwörter aller möglichen Nationalitäten zu einem exzentrischen Idiom. Ein Hip-Hop-Esperanto entsteht. Die Beats sind wuchtig, als Samples fungieren orientalische Gesänge ebenso wie bretternde Rockgitarren. Haftbefehls Einfluss ist ab 2010 enorm: Die Jugendsprache adaptiert umgehend Begriffe wie Azzlack (Ausländer), Chabo (Bruder, Kumpel), Babo (Chef) und Para (Geld).

Neben den bewährten Größen wie Kool Savas, Bushido, Samy Deluxe und Sido treten Rapper wie Capital Bra, Kollegah und Farid Bang ins Rampenlicht. 2018 sorgen Kollegah und Farid Bang mit einem auf die ausgezehrten Körper von Auschwitzopfern zielenden Vers für einen Skandal, in dessen Folge der Echo-Musikpreis abgeschafft wird. Auch der aus Amerika bekannte Sexismus kehrt als Markenzeichen wieder: Der Hamburger Rapper Gzuz gefällt sich in der Rolle des Frauenbändigers und -vernichters und feiert trotz massiver Kritik an seinem Stil enorme Charterfolge.

2022 findet ein Kulturwandel im Deutsch-Rap statt: Männliche Stars wie RIN, Apache 207 und Luciano werden selbstkritisch, wenn nicht sanft und gefühlig. Weibliche Rapper hingegen verlegen sich auf aggressive Texte und harte Beats. Shirin David (Hamburg), Haiyti (Hamburg/Berlin) und Badmómzjay (Berlin) sind die Protagonistinnen einer Frauenoffensive im Deutsch-Rap. Vor allem Shirin David, äußerlich das lebende Pendant einer Barbiepuppe und ausgestattet mit allen Merkmalen der sexistischen Aufmerksamkeitserzeugung, wird zur Heldin der neuen Frauenbewegung im Deutsch-Rap. Textlich exzellent und im Vortrag zwischen kokett und zornig führt sie Hip-Hop gemeinsam mit ihren Mitstreiterinnen in eine Zukunft, deren Idee/Agenda/Timbre sich zum Zeitpunkt der Veröffentlichung dieses Buchs noch nicht überschauen lässt.

Für Hip-Hop gilt wie immer: to be continued.

Liebe, Tod und Money: Wichtige Themen und Ideen des Hip-Hop

Die Geschichte des Hip-Hop lässt sich als einigermaßen lineare Entwicklung erzählen. Sie beginnt in Nordamerika, setzt sich in England und im Rest Europas fort. Im Lauf der Jahrzehnte kommen der afrikanische Kontinent, Russland, Osteuropa und die arabischen Länder dazu. Das wäre die historisch-topographische Betrachtung.

Ich begreife Hip-Hop im Weiteren als Ausdrucksform, als Ensemble von Stilgesten. Im Folgenden möchte ich, als Vorverständigung für den Porträtteil des Buchs, einige dieser Stilgesten – sprachliche und außersprachliche – beschreiben. Es sind Motive, die den Hip-Hop durch die Jahre grundlegend geprägt haben. Sie finden sich in fast allen Hip-Hop-Kulturen.

Dieser allgemeine Blick soll es Leserinnen und Lesern leichter machen, das Genre näher kennenzulernen. Wenn Hörer und Hörerinnen ihren Hip-Hop entdecken – irgendwann wird Hip-Hop Privatsache, in einem Maße, dass man mit allen darüber reden will oder sogar ein Buch darüber schreibt –, wenn Hip-Hop Ihr Genre wird, dann können Sie sich an die folgenden Motive erinnern und sich ein wenig leichter orientieren.

Hip-Hop kann ein Zuhause werden. Man muss nur wissen, wo ungefähr die Möbel stehen und wie man von einem Zimmer ins nächste kommt. Sich verlaufen ist auch okay. Das kommt dann vielleicht nach der Lektüre dieses Buchs.

Die Themen

1. Tradition

Tradition bzw. Traditionsbewusstsein stehen am Anfang dieser Reihe von zentralen Hip-Hop-Themen, da das Genre konservativ und auf Geschichtspflege bedacht ist wie keine andere Spielart des Pop.

Schon die Anfänge des Hip-Hop in den frühen 80er Jahren sind auf besondere Weise mit der popmusikalischen Vorgeschichte verbunden. Der DJ und Komponist **Afrika Bambaataa** plündert für seine bei Partys zusammengebastelten Tracks eine immense Schallplattensammlung der Disco- und Soulära. So entsteht eine der zentralen Techniken des Hip-Hop: das Sampling. Sampling bedeutet, Schnipsel, Motive oder ganze Songteile aus anderen Stücken herauszulösen, sie neu anzuordnen und mit einem Beat zu versehen.

Vor allem der Hip-Hop der 80er und 90er Jahre war in dieser Hinsicht ein musikalisches Reservoir anderer Genres wie Jazz, Soul und Disco. Hip-Hop-Künstler kümmerten sich damals wenig um die Frage der Rechte. Musikalische Werke wurden ausgeweidet, die Versatzstücke in die Hip-Hop-Songs eingespeist. Hip-Hop-Hörer:innen bekommen bis heute auf diese Weise Nachhilfeunterricht in Popgeschichte: Sie hören einen Song von **Public Enemy**, aber gleichzeitig lernen sie

James Brown, den wichtigsten Funkmusiker der 60er bis 80er Jahre, kennen. Denn der von Public Enemy verwendete – gesampelte – Beat (z. B. im Track »Fight the Power«) ist von Brown geklaut (hier aus »Funky Drummer«) und mit mehr Bass unterlegt.

Oder sie hören »4:44«, einen **Jay-Z**-Song von 2017, und lernen gleichzeitig die Soulsängerin Hannah Williams und ihre Band The Affirmations kennen. Aus deren Song »Late Nights and Heartbreak« (2016) wurde der Refrain herausgeschnitten und als wiederkehrendes Motiv in den Song eingepasst. Die Geschichte in Form von Samples taucht auf diese Weise nicht nur als Stilmittel und musikalisches Timbre, sondern auch als Strukturmoment im Hip-Hop auf.

Wie sehr Hip-Hop-Künstler auf Ahnenpflege bedacht sind, lässt sich am Rapper **The Game** erklären. The Game wurde von **Dr. Dre**, dem vielleicht einflussreichsten Hip-Hop-Produzenten seit den 90er Jahren, entdeckt und gefördert. The Game ist der große Tragiker des Gangsta Rap. In seinen Songs erzählt er vom brutalen Verteilungskampf im Spätkapitalismus, von der unausgesetzten Konkurrenz zu anderen Rappern. Und da er ein Mitglied der Bloods-Gang aus Los Angeles ist, handeln seine Tracks von Gewalt, Kriminalität und den Männlichkeitsritualen, die zum Gangleben gehören.

The Game betont immer wieder, wie viel er anderen Hip-Hop-Künstlern verdankt. Im Track »Game's Pain« (2008, zusammen mit der R&B-Sängerin **Keyshia Cole**) erweist er allen Größen des Genres die Reverenz: **LL Cool J**, **The Fresh Prince** (alias Hollywood-Star Will Smith, der in den 80er Jahren als Rapper begann), **Nas**, **Ice Cube** und **Public Enemy**, um nur einige zu nennen. »I just wanna let you know / I'm payin' homage 'cause you've paved the way for me«, singt Cole im Refrain. So erklärt The Game seinem Publikum und sich selbst: *Die Rap-Stars, die vor mir kamen und Hip-Hop groß gemacht haben: Sie haben den Weg für mich geebnet.*

Das ist konservativ, und tatsächlich ist Hip-Hop ein konservatives und zugleich progressives Genre. Deshalb passt Hip-Hop perfekt in die sogenannte Postmoderne mit ihrem Hang zum Zitieren verschiedenster Stil- und Kunstformen. Es gibt viele Gründe, Hip-Hop zu lieben. Dies ist meiner Meinung nach einer der wichtigsten: Man lernt beim Hören viel über die Vergangenheit und ist gleichzeitig auf dem Weg in die Zukunft.

2. Tod

Der Tod ist eines der stilprägendsten Themen im Hip-Hop. **The Notorious B.I.G.**, oder kurz Biggie, der 1997 in New York erschossene Rapper, nannte sein erstes Album *Ready to Die* (1994). Auf dem Cover ist ein kleines Kind zu sehen. Schon bei Geburt bist du zum Tod, zu einem gefährlichen Leben, in dem dich Polizeigewalt und Rassismus das Leben kosten können, verurteilt, erklärt das Motiv. Ein brutales Cover.

Sein zweites Album zeigt Christopher Wallace, so Biggies bürgerlicher Name, ganz in majestätisches Schwarz gekleidet, vor einem Leichenwagen. Die Platte heißt *Life After Death* (1997). Biggie hat die Veröffentlichung nicht mehr erlebt.

Ein späterer Klassiker ist das Album *Get Rich or Die Tryin'* von **50 Cent** aus dem Jahr 2003. Das Albumcover zeigt den Rapper hinter einer zersplitterten Glasscheibe. Was will uns diese Inszenierung sagen? Ich bin immer in Gefahr, aber unantastbar? Die Konkurrenz hat es auf mich abgesehen, ein mögliches Attentat ist der Preis für meinen Erfolg? Oder ist es eine kugelsichere Scheibe? Wie lange wird sie halten?

Stirb beim Versuch, reich zu werden: Das ist eine Bestätigung der kapitalistischen Idee, bei der selbst leidenschaftlichen Vertretern des Neoliberalismus mulmig werden muss. Auf 50 Cent wurde wirklich geschossen, angeblich neunmal, unter anderem ins Gesicht. Wenige Hip-Hop-Künstler sind so deutlich gezeichnet von den modernen Verteilungskämpfen wie Curtis Jackson alias 50 Cent. Jacksons Mutter, eine Dealerin, wurde in New York erschossen.

The Game veröffentlichte 2012 das Album *Jesus Piece*. Ein Jesus Piece ist ein Schmuckanhänger, der das Konterfei von Jesus Christus zeigt. Jesus Pieces waren Mitte der Nuller Jahre bei Rap-Stars in Mode. Man kaufte die Ketten und Amulette für bis zu 500 000 Dollar, vorzugsweise bei Jacob the Jeweler in New York.

Jesus Piece erschien mit zwei verschiedenen Coverbildern. Eine Version zeigte ein Kirchenfenster mit Jesusfigur. Jesus trägt ein Halstuch in den Farben besagter Bloods-Gang aus Los Angeles über dem Mund. Eine weitere Version erschien mit dem Foto von Jevon Danell Taylor, einem älteren Bruder von The Game. Taylor war am 29. Mai 1995 von Mitgliedern einer verfeindeten Gang erschossen worden.

Für ein Coverfoto des Hip-Hop-Magazins *The Source* posierte The Game mit einem Revolver in der Hand, den er sich von unten gegen das Kinn drückte. Ein Tabubruch für Hip-Hop-Verhältnisse: Afroamerikanische Männer werden vielleicht von schießwütigen Polizisten oder verfeindeten Gangs ermordet, aber sie töten sich nicht selbst.

The Game überschritt damals die Schwelle zur radikalen Autoaggression und erklärte bildhaft: Man kann als Schwarzer so verzweifelt sein, dass man selbst Schluss macht. Reichtum hin oder her.

Die Hip-Hop-Gruppe **De La Soul** veröffentlichte 1991 ihr Album *De La Soul Is Dead.* Darauf ist ein im Comic-Stil gezeichneter Blumentopf mit verwelkenden Blüten zu sehen. Die New Yorker Gruppe wollte nach ihrem berühmten Debüt *3 Feet High and Rising* von 1989 einen neuen Ton anschlagen. Nicht mehr so intellektuell verspielt sein, weniger jazzig und dafür mehr nach Straßen-Rap klingen. Zum Glück ist das nicht gelungen: *De La Soul Is Dead* ist ein wegweisendes Album für den sogenannten Conscious Rap, eine Hip-Hop-Spielart, bei der die Akteure ein kritisches politisches Bewusstsein vertonen und nicht die Lust am Geld- und Frauenerwerb wie die Gangsta-Rap-Konkurrenz. Aber der Titel war eine Provokation: Künstler sagen von sich selbst, sie seien tot, irrelevant, Schnee von gestern. Auch der ironische Umgang mit dem Tod hat etwas Morbides.

Die Werke von Biggie, The Game und De La Soul sind drei Beispiele für eine Vielzahl an todesverliebten Alben. Und sie sind Brüder im Geiste. Der Tod ist im Leben eines Afroamerikaners auf andere, grausamere Weise präsent als im Leben der Weißen. Das lassen uns diese Künstler nie vergessen.

3. Cash

Geld ist zentral für die Rhetorik des Hip-Hop. Dieser Befund ist trivial. Aber wenn man sich anschaut, mit welcher Raffinesse, mit wie viel grimmigem Humor das Geld, die Mehrwerterzeugung, die Finanzströme sprachlich vom Hip-Hop bewirtschaftet werden, dann ist man überrascht. Also, ich war es jedenfalls.

Einige Beispiele:

Im Jahr 1997 nahm der damals noch als **Puff Daddy** firmierende Produzent Sean Combs (er nennt sich heute P. Diddy oder Love) den Song »It's All About the Benjamins« auf. Die Rapper waren **The Notorious B.I.G.** und dessen damalige Lebensgefährtin, die Rapperin **Lil' Kim**. »Benjamins« bezieht sich auf Benjamin Franklin, der auf den US-amerikanischen Hundert-Dollar-Noten abgebildet ist. Tracks über Gelderwerb, über Geld als Fetisch und die Kosten, die ein wertoptimierender Egoismus seinen Akteuren abverlangt, sind so zahlreich wie qualitativ unterschiedlich. »Mo Money, Mo Problems«, ebenfalls von The Notorious B.I.G., gehört zu meinen Favoriten.

Eines der wichtigsten Labels der jüngeren Hip-Hop-Geschichte ist in New Orleans ansässig und heißt **Cash Money Records**. Die Rapper Nicki Minaj, Drake und Lil Wayne waren bzw. sind bei Cash Money unter Vertrag. Der Labelchef Birdman schenkte seinem Rap-Zögling Lil Wayne zum Geburtstag eine Million Dollar in Hundert-Dollar-Noten. Wayne präsentierte das Geld stolz in einem YouTube-Video.

Einer der besten Tracks, die zeigen, dass Geld die ultima ratio modernen Wirtschaftens geworden ist, kommt von Shirin David. In »Juicy Money« (2021) dekliniert sie ihre persönlichen Verwendungen für Geld durch. Es gibt »Beauty Money« (für die Schönheitspflege), »Groupie Money« (für die männlichen Fans), »Sushi Money« (für die Abspeisung kleiner Fische bzw. Konkurrent:innen) usw. Die identischen Reime machen auf formaler Ebene klar, was inhaltlich geschieht: Der Tauschwert, die Ersetzung von ursprünglich originellen Inhalten im Prozess von Angebot und Nachfrage, läuft immer auf dasselbe hinaus: die Erzeugung von Mehrwert.

In Hip-Hop-Texten ist permanent von Money und Cash die Rede. Wie man es erwirbt. Wie man es loswird. Wie man es anderen abnimmt, warum es wichtig ist. Einer meiner Lieblingstracks in dieser Hinsicht ist »Hot Sauce« von **Young M.A.** Die Rapperin kommt aus Brooklyn, sie vermarktet mittlerweile Sportmode und Sextoys. In »Hot Sauce« (2017) rappt sie: »If it don't make dollars / it don't make no sense.« Wenn die Sache kein Geld abwirft, ergibt sie keinen Sinn. Ist das nicht das Credo des Kapitalismus? Alles lässt sich dem Tauschwert unterordnen – bis vielleicht auf Gott (wie Gläubige sagen würden) oder die moderne Kunst (frei nach Adorno).

4. Sex

Die kapitalistische Logik hat die Erotik erfasst, da muss man sich nichts vormachen. Die israelische Soziologin Eva Illouz hat dies in ihren Büchern sehr schlüssig analysiert. Ihre These grob vereinfacht: Der Kapitalismus macht Gefühle, Sex und Körper zu Waren.

Hip-Hopper wussten das schon immer. In zahllosen Tracks und Videos wird die Ikonographie des Wohlstands mit der des begehrenswerten Körpers kurzgeschlossen. Dabei kamen in den 80ern und 90ern zum Teil pikante, oft ordinäre bis krass sexistische Szenarien heraus.

Es ist heute kaum mehr möglich, die gängigen Hip-Hop-Videos der 90er Jahre anzusehen, mit ihren Bikini-Models und Hintern-wackelnden Strandschönheiten, ohne entsetzt »MeToo!« zu rufen. Mit dem Verweis auf den Zeitgeist entschuldigt man diese Form des Sexismus nicht. Aber wie in allen popkulturellen Inszenierungen ist auch hier ein Körnchen Wahrheit beziehungsweise Kritik enthalten: Wenn es nur ums Geld geht, ist auch die Physis, ausgestellt und vermarktet als Fitness- und Erotikkörper, eine Ressource.

Eine besondere, vom US-amerikanischen Sprachgebrauch

hergeleitete Spielart dieser Idee ist die Verwendung des Worts *ficken* im Deutsch-Rap. Gefickt wird so ziemlich alles: das Business, die Konkurrenz, die »Mutter auf der Yogamatte« (Bushido). Der deutsch-ukrainische Rapper Capital Bra »fickt« im Track »Gott ist mein Zeuge« (2022) die Konkurrenz und Leute, die ihm irgendwie blöd kommen (was das genau bedeutet, muss man sich selbst denken). Selbst das Konto wird gefickt, damit es schwanger geht mit noch mehr Geld. So zu hören im Track »Aber egal« (2022) von Xatar und MoeWavy. Rua, eine exzellente Rapperin aus München, erklärt im Track »WOW« (2023): »Höre erst auf, wenn ich alles gefickt hab.«

5. Das N-Wort und die »Bitch«

Wenn man sich in Rap verliebt, kommt man am N-Wort nicht vorbei. Es ist deshalb unmöglich, für einen Weißen oder eine Weiße, manche Tracks komplett mitzurappen. Man müsste das N-Wort offen aussprechen, was – politisch korrektes Bewusstsein hin oder her – immer eine rassistische Aggression darstellen würde.

Für Afroamerikaner:innen ist das N-Wort vielfach konnotiert. Ursprünglich ein brutal herabsetzendes Schimpfwort der Sklavenhalter für ihre Opfer, wurde es zur Kampfvokabel umgedeutet. Mit dem N-Wort können Afroamerikaner:innen heute Nicht-Schwarze ausgrenzen – dieser Begriff bleibt exklusiv im Gebrauch afrikanischstämmiger Männer und Frauen.

Die afroamerikanische bürgerliche Mittelschicht hat sich immer wieder über die Konjunktur des N-Worts in der Popkultur beschwert. Der schwarze Gelehrte und Publizist Henry Louis Gates verwahrte sich zu Beginn der Nuller Jahre dagegen, von Mitgliedern der eigenen Ethnie mit dem N-Wort bezeichnet zu werden, und sei es noch so ironisch oder gesellschaftskritisch gemeint.

Der US-amerikanische Gangsta- und Straßen-Rap kommt ohne N-Wort nicht aus. Der Begriff hat außerdem den Vorteil, sich auf Trigger (Abzug) und bigger (größer) zu reimen – zwei Wörter, mit denen sich die Erzählung vom Verteilungskampf gut anreichern lässt.

Das N-Wort ist männlich konnotiert. Das weibliche Pendant wäre die »Bitch«. Der Begriff Bitch ist von einer postfeministischen Agenda eingemeindet und aufgewertet worden. Rapperinnen wie Lil' Kim, Nicki Minaj, aber auch deutsche Hip-Hopperinnen wie Shirin David und Kitty Kat benutzen »Bitch« im Sinne von Freundin, Komplizin, Kontrahentin.

Männliche Rapper verwenden »Bitch« noch öfter als ihre Kolleginnen. Einer der größten Hits von Rap-Superstar **Jay-Z** heißt »99 Problems« (2004). Im Refrain rappt Jay-Z: »99 problems but the bitch ain't one«. Der Text handelt von Jay-Zs lyrischem Alter ego, das von der Polizei angehalten wird. Es entspinnt sich ein Gespräch zwischen Cop und Fahrer. Der Polizist will auf Verdacht den Kofferraum filzen und droht damit, Drogenhunde zu Hilfe zu holen. Darauf entgegnet der Rapper: »I got 99 problems but the bitch ain't one.« Bitch ist u. a. das englische Wort für *Hündin*. Der vermeintliche Delinquent erklärt also, er habe kein Problem mit Suchhunden – er sei schließlich unschuldig und wie so oft Opfer einer rassistischen Justiz.

»If you're havin' girl problems, I feel bad for you, son / I got 99 problems but the bitch ain't one.« Der Refrain aber legt nahe: Es sind doch die Frauen gemeint. Sie werden als zickig diffamiert. Ob dieser Machismo heute noch verfangen würde?

Rapperinnen jedenfalls benutzen »Bitch« wie das N-Wort: als Schmähbegriff oder als anerkennendes Kosewort.

Die Grenzen der Sprache markieren die Grenzen unserer Lebenswelten. Manche Grenzen sind nicht überschreitbar, und das ist gut so.

> Weitere Themen: Gangster, die Straße (the streets), Schmuck (bling), Cops, enge Freunde und Gefährten/Komplizen (homies), die eigene Stadt bzw. der Herkunftsort.

US-Amerika: Bedeutende Rapperinnen und Rapper

Tupac Shakur und Christopher Wallace alias Biggie Smalls

Der eine war ein Schlacks mit Waschbrettbauch, der andere ein Koloss. Der von der Westküste datete Janet Jackson. Sein Freund und späterer Konkurrent aus New York liebte Lil' Kim. Beide Rapper hatten unvergleichliche Stimmen. Tupac, der Star aus Los Angeles (1971–1996), zog seine Zuhörer:innen mit einem rauen Bariton in den Bann. Man traute ihm sofort die Rezitation von Lyrik oder die Intonation eines romantischen Kunstlieds zu.

Biggies Stimme klang ebenfalls rau, war dabei aber immer auch leicht patzig, schroff, fast arrogant. Das ergab Sinn: Christopher Wallace alias The Notorious B.I.G. alias Biggie Smalls oder einfach Biggie (1972–1997), dieser Rapper berichtete mit seinen Tracks von den Härten des afroamerikanischen Alltags in New York. Wenn die Mutter an Krebs erkrankt. Wenn die Freundin einem die Hölle heißmacht, weil man versehentlich beim Sex den Namen ihrer Mutter gerufen hat. Tja.

Tupac rappte ebenfalls über seine Mutter, seine Liebhaberinnen. Er sprach in seinen Songs aber vor allem vom Tod. Vom Gangleben. Von der Loyalität, die afroamerikanische Männer aus dem Ghetto verbindet. Das fünf Alben umfassende Werk von Tupac kann als große Chronik der afroamerikanischen Unterschicht aus männlicher Sicht gehört werden. Der Zeitraum, in dem diese Platten entstanden, umfasst nur fünf Jahre. Dann, am 13. September 1996, wurde Tupac in Las Vegas auf offener Straße erschossen. Der Täter wurde nie gefasst.

Biggie bespielte ebenfalls die Themen Kriminalität und Drogenhandel, aber dominanter war seine Beschäftigung mit dem alltäglichen Stress, den ein Erwachsenenleben in Armut mit sich bringt. Im Gegensatz zu Tupac, der sich als echter Gangster in Szene setzte und sich auch mit echten Gangstern umgab, erklärte sich Biggie in seiner Rollenlyrik zum Hustler, zum Gauner und Kleinganoven. Am 9. März 1997 traf er auf seinen Mörder und wurde erschossen. Der Täter wurde bis heute nicht ermittelt.

Christopher Wallace und Tupac Shakur kannten sich recht gut. Tupac besuchte Wallace in New York. Wallace kam nach Los Angeles, um sein Vorbild zu treffen. Tupac war eine Zeitlang der größere Star. Tracks wie »Ain't Mad at Cha« (1996) und »California Love« (1995) gehörten schon damals zum Kanon des Hip-Hop. Enormes Reimtalent und ein leicht nuscheliger, aber präziser Vortrag wiederum sicherten Biggie schnell einen Platz an der Spitze der US-amerikanischen Hip-Hop-Elite.

Beide Rapper wurden protegiert und gefördert von genialischen Produzenten. Tupac gehörte zu den Schützlingen von Suge Knight, einem aus Compton stammenden Labelchef. Death Row Records, der Name war Programm: Knight war stolz darauf, mit echten Gangstern verbunden zu sein. Er verschärfte dieses Image, indem er als Glatzkopf riesige Zigarren rauchte und Kontrahenten massiv einschüchterte, wenn er sich davon Vorteile versprach. Stets umgeben von einer Entourage aus schwarzen jungen Männern mit Ghettohintergrund, pflegte er das Image des Gangsterbosses, der sich um jeden Preis durchsetzen wird. Rückblickend kann man sagen: Durch den Kontakt mit Suge Knight geriet Tupac in Gefahr. Die in Tupacs Texten beschriebene Gewalt blieb nicht mehr der Fiktion vorbehalten. Sie wurde real und tödlich.

Biggies Produzent hieß Sean Combs alias P. Diddy. Heute nennt sich Combs schlicht Love und gilt als einer der reichsten und einflussreichsten Hip-Hop-Entrepreneure der Welt. Combs gründete 1993 das Label Bad Boy Records. Nicht nur erkannte er in dem 22-jährigen Wallace den künftigen Star. Er schuf als Biggies Produzent auch einen bisher im Hip-Hop neuen Sound. Combs kombinierte Samples aus populären Discosoulsongs mit einem federnden clubtauglichen Beat.

Dazu ermutigte er Wallace, über Alltagsprobleme zu rappen. Über die Angst, als junger Vater zu versagen oder die Arztrechnungen der krebskranken Mutter nicht bezahlen zu können. Harte Themen, softer, soulig-poppiger Sound: Diese Mischung war neu. Sie machte Biggie zum Superstar.

Biggies und Tupacs Karrieren verliefen weitgehend parallel. Mitte der 90er Jahre dann wurden beide gegeneinander in Stellung gebracht: als Rap-Gegner von Ost- bzw. Westküste. Als Konkurrenten um eine Frau, die R&B-Sängerin Faith Evans. Evans war Biggies Freundin. Tupac ließ sich von seiner Entourage verleiten, einen Track aufzunehmen, in dem er behauptete, Evans verführt zu haben. Schnell brachen die beiden Stars ihren Kontakt ab. Am Ende geschahen zwei Morde.

Ich habe den so genannten Ostküsten-Westküsten-Beef

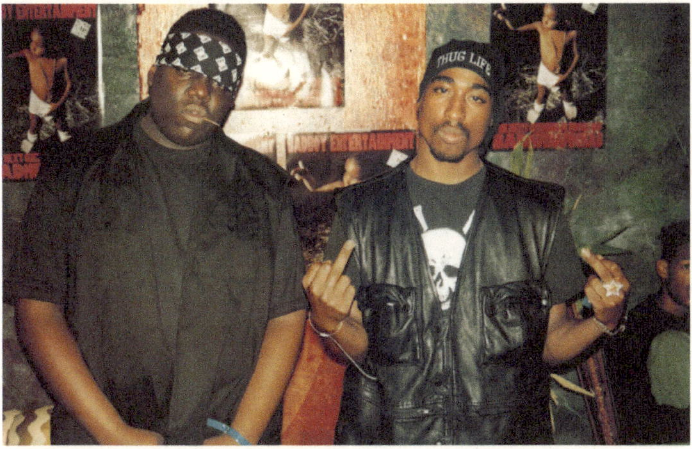

The Notorious B.I.G. (l.) und Tupac Shakur (r.)

(Beef bedeutet im Hip-Hop-Jargon Streit, Stress mit einem Feind) so ausführlich beschrieben, weil er ein zentrales Problem des Genres verdeutlicht. In den Texten des Gangsta Rap werden seit jeher Gewalt und Kriminalität als ultima ratio eines ernstzunehmenden Rapper-Daseins dargestellt. Ein Begriff, der in diesem Zusammenhang immer wieder fällt, ist *Realness*. Real im Sinne von authentisch ist ein Rapper, eine Rapperin, die nicht nur von Gewalt und Gangstertum berichtet, sondern im wirklichen Leben selbst in dieser Welt zu Hause ist. Auf diese Weise überlappt sich die Sphäre realer Gewalt mit der der Fiktion. Die Folgen können, siehe Tupac und Biggie, fatal sein.

In Deutschland dachte man lange, diese Entwicklung könne es in solcher Härte und Konsequenz nur in den USA geben, in den von Gangs kontrollierten Vierteln von Los Angeles und

New York, Chicago und Atlanta. Dieser Glaube hat sich leider als naiv erwiesen. Der Fall Bushido (mehr dazu später) etwa beweist, dass deutsche Rap-Stars sehr wohl mit realen Gangstern verbunden sind, nicht nur auf ästhetisch-fiktionaler Ebene, sondern in der konkreten Wirklichkeit, als Geschäftspartner, enge Freunde und später auch als Feinde.

Viele große deutsche Rap-Stars aus Deutschland, seien es Capital Bra, Bushido oder Sido, waren oder sind mit einer Gruppe organisierter Verbrecher assoziiert. Rapper werden von Clan-Chefs umworben als künstlerische Hofnarren, Entertainer, Unterhalter. Sie werden von organisierten Verbrechern beschützt, gegängelt oder – siehe Bushido – sogar erpresst. Die Hip-Hop-Stars bewirtschaften ihrerseits diese gefährliche Beziehung zum Gangstertum. Man kann froh sein, dass scharfe Waffengesetze und ein durch den Zeitgeist zunehmend abgewickelter Männlichkeitswahn dafür sorgen, dass in Berlin, Hamburg oder Frankfurt a. M. keine US-amerikanischen Verhältnisse herrschen.

Jay-Z

Die Karriere von Shawn Carter alias Jay-Z (Jahrgang 1969) bildet eine Ausnahme in einem an Ausnahmen reichen Kapitel der Hip-Hop-Geschichte. Weil er in den 80er Jahren als Drogendealer an den Ecken Brooklyns herumsteht und Heroin vertickt. Und zwanzig Jahre später ein Corner Office, ein Eckbüro in einem noblen Büroturm bezieht, wo seine Firma Roc-A-Fella (eine Slangversion von Rockefeller) residiert.

Weil sein erstes Album *Reasonable Doubt* (begründeter Zweifel, ein Begriff aus der Gerichtssprache) heißt. Und ihn auf dem Cover mit Borsalino und Nadelstreifen als Widergänger von Al Capone zeigt, obwohl ihm sein Management dringend von diesem Look abgeraten hatte (1996).

Und weil er 2017 mit dem Album *4:44* dieses später höchst erfolgreich vermarktete Gangsterimage konterkarieren wird. Auf dem Song »4:44« entschuldigt sich Jay-Z, der Rap-Megastar, dessen größter Hit bislang »99 Problems (But the Bitch Ain't One)« gewesen war, öffentlich bei seiner Ehefrau Beyoncé. Jay-Z hatte Beyoncé mit einer anderen Frau betrogen. »4:44« ist ein einzigartiges Bekenntnis zur Schuld, zur Schmach, als Mann und Vater versagt zu haben. Selten wurde im Hip-Hop dem Image des Machos derart der Prozess gemacht wie in diesem Song.

An der Seite von Beyoncé Knowles hat sich Jay-Zs außerordentliche Karriere noch einmal beschleunigt und in höchste Höhen geschraubt. War er vor der Heirat mit der mit Grammys und Platinschallplatten überhäuften Beyoncé ein sehr erfolgreicher Rapper, wurde er gemeinsam mit seiner Frau zum *first couple* der US-amerikanischen Kultur. Als Barack und Michelle Obama ins Weiße Haus einzogen, war ihr Aufstieg bereits vorbereitet gewesen: Knowles und Carter hatten der Mehrheitsgesellschaft mit Talent, großen Popwerken und einer beispiellosen Disziplin bewiesen, wie weit Afroamerikaner kommen können. Gemeinsam mieteten sie das Whitney Museum of American Art für Videodrehs. Sie waren die Markenbotschafter von Tiffany's, ein Edeljuwelier, der eigentlich auf ewig mit der sehr weißen Audrey Hepburn verbunden schien. Hepburn spielte Holly Golightly in *Breakfast at Tiffany's* (1961). Beyoncé nahm mit *Lemonade* (2016) ein feministisch-kulturkritisches Meisterwerk auf.

Jay-Z wiederum wurde immer präsidialer. Vorbei die Zei-

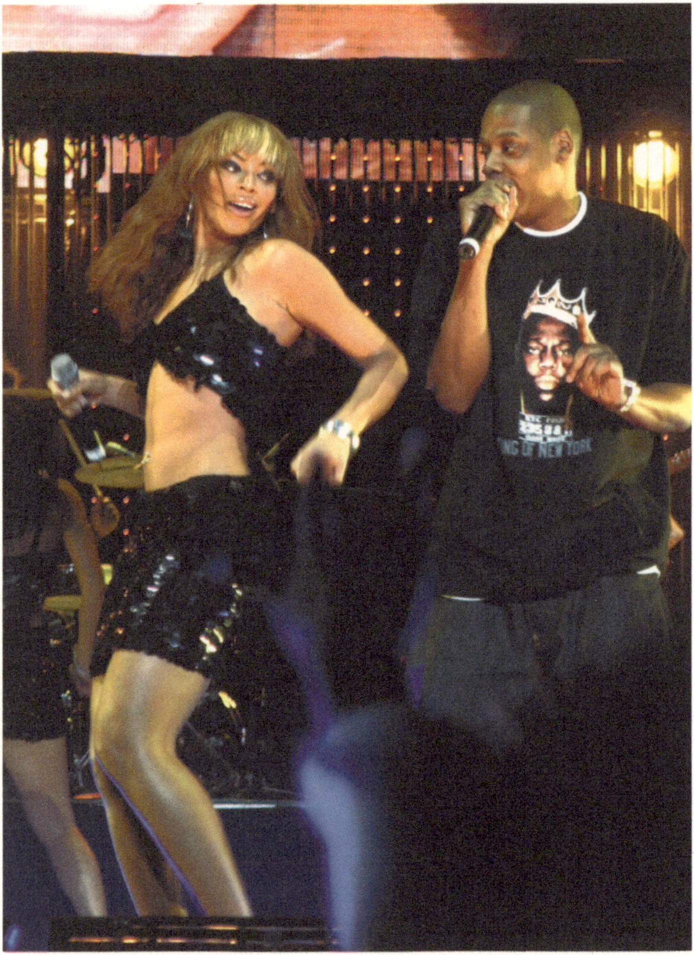

Beyoncé Knowles und Jay-Z beim Konzert im New Yorker Madison Square Garden am 25. November 2003

ten, als er mit Kanye West in Videos Maybach-Limousinen zersägte und vom »N-Word in Paris« (2014) rappte (ein Song, der unter afrofranzösischen Jugendlichen derartige Begeisterung auslöste, dass West und Jay-Z ihn bei einem Konzert elfmal hintereinander spielten). Vorbei auch die Zeiten, als er mit legendären Beefs/Auseinandersetzungen mit Rap-Stars wie 50 Cent, Nas und Drake von sich reden machte. Jay-Z verwaltet mittlerweile seinen Status als Großkünstler des Hip-Hop, der legendäre Kollaborationen vorzuweisen hat. Er hat Duette mit Mary J. Blige, Mariah Carey und Justin Timberlake eingespielt. Vor allem sein Album *Watch the Throne* (2011) gemeinsam mit Kanye West ist ein Meilenstein der jüngeren Rap-Geschichte. West begann seinerseits als Produzent für Jay-Z, später rappte er selbst und produzierte in eigener Sache. Mit dem erwähnten »N-Word in Paris« schufen sie nicht nur eine Hymne der Selbstermächtigung französischer bzw. frankophoner Jugendlicher, sondern einen Klassiker des modernen Hip-Hop.

Und dann die Duette mit Beyoncé selbst: »Drunk in Love«, »Shining« und »Part II (On the Run)«. Hip-Hop über die tragische Liebe zwischen Soul-Schönheit und Hip-Hop-Gangster. Variationen des Bonnie-und-Clyde-Mythos, modernisiert mit dem Selbstbewusstsein zweier Großkünstler, die den Verteilungskampf im Popgeschäft gemeinsam meistern.

Seit einigen Jahren ist es still um Jay-Z geworden, was Hip-Hop angeht. Es scheint, als überlasse er die artistische Produktion seiner Frau. Beyoncé veröffentlichte 2022 das Album *Renaissance*, ein enormer Erfolg. Steht, einem Genderklischee entsprechend, hinter jedem erfolgreichen Mann eine bedeutende Frau, die ihn fördert und inspiriert? Manchmal gilt womöglich das Gegenteil.

Dieser Blick. Ist er mürrisch? Zornig? Schaut uns der Künstler überhaupt an? Oder eher an uns vorbei? Die ersten beiden Alben von Nasir bin Olu Dara Jones zeigen ihn selbst – einmal als ungefähr 7-Jährigen und dann als 22-jährigen Mann. Auf beiden Covern sieht Nas, Jahrgang 1973, aus wie jemand, der weiß, dass er in Gefahr ist. Dass die Verhältnisse für ihn, einen männlichen Schwarzen in New York, gefährlich werden können.

1994 ist Bill Clinton Präsident. Jeff Bezos gründet Amazon, Kurt Cobain nimmt sich das Leben mit einer Schrotflinte. Für afroamerikanische Männer blieb alles beim Alten: Sie wurden täglich Opfer von rassistischer Polizeigewalt. Sie landeten mehr als jede andere Ethnie im Gefängnis, starben in Gangkriegen und an Überdosen.

Anders als Jay-Z, Snoop Dogg oder 50 Cent ist Nas nicht im Ghetto aufgewachsen. Sein Vater war Jazztrompeter, seine Mutter arbeitete bei der Post. Aber Rassismus macht vor einem bürgerlichen Background nicht halt. Die Porträtfotos von Nas auf *Illmatic* von 1994 und *It was Written* (1996) weisen auf dieses Unrecht hin.

Der müde-mürrische Blick, der unter dem Blick des Gegenübers wie wegzutauchen scheint, hat Tradition im afroamerikanischen Selbstverständnis. Am deutlichsten erkennt man ihn beim Jazztrompeter Miles Davis. Davis verkörperte das Ideal der Coolness wie kein anderer moderner Musiker – Coolness verstanden als Abkühlung und Panzerung des Selbst in Anbetracht von Umständen, die eigentlich glühende Wut rechtfertigen würden.

Coolness, wie sie erfunden wurde von den schwarzen Jazzmusikern der 50er und 60er Jahre, war keine Hipsterallüre, keine Form modischer Selbstüberhöhung. Coolness war das Outfit, mimisch, gestisch, ja den Ausdruck der ganzen Gestalt betreffend, mit dem man in einer aggressiven Gesellschaft als Afroamerikaner, als Afroamerikanerin überleben konnte. Schau den Cop an und schau gleichzeitig durch ihn hindurch. Provoziere ihn nicht mit deiner Wut darüber, dass du schon wieder angehalten, kontrolliert und durchsucht wirst, obwohl du dir noch nie etwas hast zuschulden kommen lassen. Dein einziges Vergehen ist, ein Schwarzer zu sein. Also, bleib cool, dann kommst du vielleicht lebend davon.

Der Hip-Hop von Nas ist die konsequente Fortsetzung einer in den 50ern, 60ern und 70ern angelegten musikalischen Revolte. Bebop, Hardbop und Soul waren musikalische Innovationen. Sie waren zudem Speicher für eine gesellschaftliche Energie. Die Energie der Bürgerrechtsbewegung. Die Energie eines an Martin Luther King und Malcolm X geschulten Bewusstseins, das sich nicht länger einsperren lassen wollte in Ghettos, in Vorurteile, in staatlich sanktionierte Gewalt.

Als *Illmatic* 1994 erschien, waren sich Kritiker und Hip-Hop-Fans einig: Dieser Rapper ist mehr als ein Reimetexter und -aufsager. Er ist ein Lyriker, ein Lyricist, wie man in der Hip-Hop-Szene anerkennend über jene Rapper:innen sagt, deren Texte auch in einem Lehrbuch für moderne Dichtung stehen könnten, so komplex sind sie.

Nas rappt über Armut, über politische Korruption und Gewalt. Er fächert diese Themen auf mit einem Flow, der unerhört schien damals im großen Hip-Hop-Jahr 1994. Flow wird durch Nas zur wichtigen Kategorie in der Bewertung von Rappern. Der Rap von Nas ist nicht nur eine imposante Bedeutungsherstellungsmaschine, sondern ein Rhythmusinstrument. Ähnliches war zuvor im Grunde nur Rakim gelungen. Und nach Nas haben das meiner Meinung nach nur Eminem und Kendrick Lamar geschafft. Die Verse werden in einer Weise skandiert, dass die Bedeutung in den Hintergrund tritt und sich ganz dem Rhythmus, dem Groove hingibt. Nas, Eminem und Lamar könnten a capella ihre Reime wiedergeben, und man müsste nach ein paar Sekunden unweigerlich mit dem Kopf nicken.

It Was Written (1996) ist deutlich kommerzieller angelegt als das epochale Debüt. Aber es ist ebenfalls ein stilprägendes Album, ein wenig poppig vielleicht, mit eingängigeren Samples und ein paar guten Features.

Nas nimmt mit fast 50 – ein stattliches Alter für einen Hip-Hop-Künstler – immer noch Alben auf. 2021 erschienen *King's Disease* und *Magic*, gefolgt von *King's Disease II* und *King's Disease III*, alles exzellente Werke, vom Sounddesign her konservativ, ohne Autotune oder sonstige Klangsperenzchen. Man kann sie hören und begreifen: Hip-Hop ist immer konservativ und modern zugleich. Ein Genre, das sich mit ästhetischen Gesten des Gestern auf die Zukunft bezieht und umgekehrt. Welche andere Kunstform kann das so verdammt gut?

Dr. Dre oder Der Übervater des Hip-Hop

Hip-Hop ist Produzentenkunst. Produzenten sind Götter, die ihren Geschöpfen Atem einhauchen. Der Atem, das wäre der Beat, der Sound. Und dann sprechen die Geschöpfe im Namen ihres Herrn, ihrer Herrin. Der Vergleich klingt übertrieben, aber der Einfluss der großen Hip-Hop-Produzent:innen lässt sich nicht hoch genug einschätzen.

DJ Premier, J Dilla, Kanye West, The Neptunes, RZA, Timbaland, Rick Rubin, Missy Elliott – das sind nur einige Namen von Beat- und Soundkreativen, die mit den von ihnen produzierten Hits die Geschichte des Hip-Hop für immer geprägt haben.

Dr. Dre, geboren 1965, ist der einflussreichste Produzent der Hip-Hop-Geschichte. Sein Sound mag nicht so markant wie der von RZA sein, der brettharte Drums mit schrägen, Kung-Fu-Filmen entlehnten Samples kombiniert. Nicht so poppig-beschwingt wie die Klangkulissen, die Kanye West mit Daft-Punk-Samples herstellt. Nicht so historisch-collagenhaft, mit vielen Schnipseln aus 70er- und 60er-Jahre-Soulsongs angereichert, wie der Stil des New Yorker Produzenten DJ Premier.

André Young alias Dr. Dre hat mehrere Kulturwandel im Hip-Hop ermöglicht:

Als Produzent der Hip-Hop-Gruppe N.W.A (N-Word Wit Attitudes) machte er Gangsta Rap sowohl zum Sprachrohr der Westküstenghettos als auch zum Hitlieferanten für die ganze Welt.

Als Entdecker, Mentor und Beatlieferant für Snoop Dogg, Eminem, The Game und 50 Cent versorgte er das Weltpublikum mit paradigmatischen Künstlern ihrer Zeit.

Dre trat auch selbst als Rapper in Erscheinung: Das Album *The Chronic* (1992), auf dem das erste Mal Snoop Dogg prominenter zu hören ist, gehört meiner Einschätzung nach zu den wichtigsten Alben der 90er Jahre. Typisch für seinen damals etablierten und bis dato nur geringfügig variierten Sound: ein sehr harter Beat ohne den Swing des Funk oder Jazz. Keine Soul-Samples, dafür ein sirenenartiges Pfeifen, das einen an Tinnitus-Geräusche erinnert, genialerweise aber nie wirklich nervig wird. Im Gegenteil: Das hochgepitchte Sirren in früheren Dre-Tracks zieht einen in und durch den Song. Wer den Klang mag, kann süchtig danach werden.

Sehr häufig wird das Leitmotiv per Klavier eingespielt. Einfache Melodien, die den ganzen Track quasi durchgehämmert werden und dabei sehr suggestiv sind. Beim Track »In da Club« von 50 Cent übernimmt den Piano-Part eine Gitarre. Sie wummert vor sich hin, und bevor man sich fragen kann, ob das nicht doch sehr schlicht gestrickt ist, so ein vor sich hin marschierendes Schlagzeug, mit einer Schrammelgitarre garniert, nickt man schon eifrig mit dem Kopf.

Less is more ist das Stilprinzip von Dres perfekten Sound- und Beat-Werken. Und *more is more* das Prinzip seiner Geschäftspraxis. Dre schuf mit der Kopfhörerkollektion Beats by Dre eine Marke, die dem Apple-Konzern 2014 rund drei Milliarden Dollar wert war. Dr. Dre trat auch in Hollywood-Filmen auf (*Set It Off* [1996], *Training Day* [2001]), meistens als Schurke. Er gefällt sich anscheinend immer noch in der Rolle des Gangsters.

Seine Zöglinge – nur eine Frau, die R&B-Sängerin Truth Hurts, findet sich in Dres Portfolio – gehören allesamt zu den größten Stars der Rap-Geschichte.

Snoop Dogg

Snoop ist wie Karl Lagerfeld oder Michael Jackson zu seinem eigenen Logo geworden. Es gibt ihn zwar nicht wie Lagerfeld als markante Silhouette im Stil eines preußischen Scherenschnitts. Oder als Signet wie Michael Jackson, mit Griff an den ins Gesicht gezogenen Hut, die Füße ballettartig hochgestemmt. Aber Calvin Broadus alias Snoop hat ein derart berühmtes, man könnte sagen: signifikantes Gesicht, mit den schräg stehenden Augen und dem wie in einem Dauergrinsen eingefrorenen Mund, dass er eine Popikone mit weltweiter Wirkung geworden ist.

Hinzu kommt seine unverwechselbare Stimme, die von US-amerikanischen, auf Celebrity-Nachahmung spezialisierten Comedians gern und oft imitiert wird: näselnd, ironisch, dabei männlich und, wenn man seine Lebensgeschichte als Hintergrund aufruft, auch ein bisschen gefährlich.

Snoop, geboren 1971, stammt aus Long Beach, Kalifornien. Er wuchs auf als Laufjunge von Gangstern, die den drahtigen Jungen als Drogenkurier und Sidekick für Dealer schätzten. Und die irgendwann gemerkt haben müssen, dass dieser Schlacks erstaunlich witzig und schlagfertig sein kann. Dass er einer der größten Rapper der Welt werden würde, war damals in den späten 80ern noch niemandem klar. Das erkannte, am Anfang wohl mehr intuitiv, erst Dr. Dre. Durch Dre wurde Broadus erst zu Snoop Doggy Dogg, dann zu Snoop Dog, schließlich zu Snoop. Snoop wie Snoopy, der eigensinnigste Hund der Comic-Geschichte.

Snoops Debütalbum *Doggystyle* (1993) machte ein Untergenre des Hip-Hop weltberühmt: den so genannten G-Funk. Der Sound ist funky, die Beats sind federnd weich. Das Ganze klingt fast wie R&B, wenn da nicht der Rap wäre. Die Texte von Snoop Dogg kreisen grundsätzlich ums Leben in einer Gang, um Frauen und – ganz wichtig – um Marihuana. Kein Popstar, noch nicht einmal der Country-Barde Willie Nelson, ein bekennender Dauerkiffer, hat die Liebe zum Gras derart leidenschaftlich zelebriert wie Snoop. Zeitweise standen bei seinen Konzerten riesige Grasstauden auf der Bühne. Bei den meisten seiner zahllosen Fernseh- und Filmauftritte scheint er bekifft zu sein. Der verhangen-glänzende Blick und das Dauergrinsen lassen darauf schließen.

Es heißt, chronischer Marihuana-Konsum lähme die Schaffenskraft. Bei Snoop scheint der Stoff anders zu wirken: Zwischen 1993 und 2022 hat er 19 Alben herausgebracht und für viele Rap-Kollegen den Gaststar gemacht. Er hat mehrfach innerhalb des Hip-Hop das Genre gewechselt. Es gibt Hip-Hop-Alben mit Reggae-, Soul- und Gospel-Schwerpunkt von Snoop. Außerhalb des Popgeschäfts wird er besonders als Schauspieler und Komiker geschätzt. Er ist Dauergast bei den sogenannten Roasts, den Schmähveranstaltungen des US-Fernsehsenders Comedy Central. Da steht er dann mit anderen Stars und verunglimpft vor laufender Kamera anerkennend einen Ehrengast. »The Roast of Donald Trump« ist ein Highlight der Reihe. Snoop macht keine Gefangenen. Schade, dass Snoops Witze Trump kein bisschen verunsichert haben.

Eminem

Dr. Dre, der zukünftige Medienmogul, war schon zu Beginn der 90er Jahre ein Starproduzent. Er hatte N.W.A und Snoop Dogg mit seinen Beats zu Weltruhm verholfen. Das hagere Weißbrot Eminem muss ihm wie eine bizarre Laune der Kulturgeschichte erschienen sein – jener neueren Kulturgeschichte, die er im Begriff war, selbst zu schreiben.

Eminem (geboren 1972) war nicht nur weiß, er rappte über Themen, die nicht salonfähig waren im US-amerikanischen Hip-Hop. Er verunglimpfte seine Ex-Frau, mit der er eine Tochter hatte. Er beleidigte wortgewandt seine Mutter. Und er

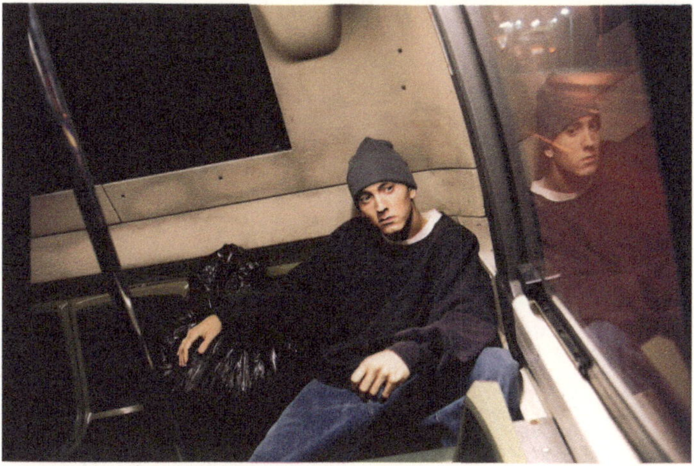

Eminem im Spielfilm *8 Mile* (2002, R: Curtis Hanson) als Rapper Jimmy Smith Jr. alias »Rabbit«

inszenierte sich als Ghettojungen, der es mindestens so schwer hatte wie seine afroamerikanischen Rap-Konkurrenten.

Angeblich erhielt Dre eine analoge Musikkassette mit bereits fertigen Songs. Eines von vielen hundert Tapes, die der gute Doktor des Welt-Rap mutmaßlich jede Woche zugesandt bekam.

Dre fischte die Aufnahme aus einem Karton und hörte zu. Der Rest ist Geschichte.

Eminems Album *The Slim Shady LP* (1999) war ein weltweiter Erfolg. Chartplatzierungen: ganz oben oder Platz eins. Die Verkäufe: atemberaubend. Die Kritik: begeistert.

Es ist faszinierend, dass die internationale Hip-Hop-Gemeinde keine Sekunde lang das Talent dieses Detroiter Halbwaisen in Frage stellte. Auch seine Hautfarbe störte niemanden: die weißen Fans nicht, die nun eine Identifikationsfigur hatten, auf die sie in ihren kühnsten Hip-Hop-Träumen nicht zu hoffen gewagt hatten. Die schwarzen Rap-Kollegen waren erst verblüfft, dann steckten viele einfach zurück und erwiesen dem neuen Superstar die Reverenz. Hier war einer, der Hip-Hop auf eine neue Stufe der textlichen Brillanz manövrierte. Mit Metaphern, Vergleichen und waghalsigen Sprachmanövern, vorgetragen in einer Schnelligkeit und Lässigkeit, dass allen der Atem stockte.

The Game

Was Tabubrüche angeht, kann es der 1979 geborene Rapper The Game mit Eminem aufnehmen. Im Juli 2008 ließ er sich für das Cover des US-amerikanischen Hip-Hop-Magazins *The Source* fotografieren. Das Bild zeigt ihn mit Wife-Beater-Unterhemd, ganz der Ghetto-Hustler, wie man ihn aus zahllosen Magazinen und von Plattencovern kannte. Nur dass er sich den Lauf eines Revolvers ans Kinn gedrückt hielt. Eine ungeheure Provokation. US-amerikanische Gangsta Rapper, und als solcher wollte The Game (bürgerlich: Jayceon Terrell Taylor) gesehen werden, bringen sich nicht um. Sie töten Konkurrenten, verfeindete Gangmitglieder. Sie sterben im Gefängnis, hingerichtet von rassistischen oder korrupten Staatsdienern. Vielleicht sterben sie an einer Überdosis oder werden von einer eifersüchtigen Geliebten erschossen. Aber Suizid? No way.

The Games Kunst beruht auf einem krassen, virtuos inszenierten Gegensatz. Als männlicher Rapper trat er mit allen

Attributen des Testosteron-berauschten Alpha-Mannes auf. Gleichzeitig inszenierte er sich als verlorener Sohn von Dr. Dre, der ihn entdeckt hatte wie Snoop, Eminem und 50 Cent zuvor.

Dr. Dre hatte seine ersten zwei Alben mit Beats ausgestattet, dann war es zum Bruch gekommen. Der Grund ist mutmaßlich ein Streit zwischen The Game und 50 Cent, aber hier müsste man sehr viel spekulieren, was dem Talent beider Künstler letztlich nicht gerecht werden würde. Jedenfalls musste The Game ab 2006 seine Alben von anderen Produzenten komponieren lassen.

In den Texten dieser Alben sind Dr. Dre und 50 Cent, Eminem und N.W.A fast zwanghaft präsent. Auf der Platte *Doctor's Advocate* (2006) wird Dre über dreißigmal erwähnt. Man könnte von einer Fixierung sprechen, einem Vaterkomplex. Und tatsächlich lässt sich Dr. Dre auf diese Weise Hip-Hop-geschichtlich einordnen: als Vaterfigur und mächtiges Über-Ich, das den Söhnen künstlerisch die Richtung vorgibt und dem sie dann mit ihrem Können nacheifern. Ähnlich intensiv haben sich vielleicht nur noch die Saxofonisten John Coltrane und Cannonball Adderley auf ihren Mentor und Bandleader Miles Davis bezogen.

Die Tracks von The Game sind meist düster und wehmütig. Er rappt über seine Kindheit in den Elendsvierteln von Los Angeles. Wie er als Kind N.W.A und Ice Cube hörte. Wie er Dr. Dre kennenlernte und diese Begegnung sein Leben veränderte.

The Game hat ein raues Timbre mit einem Glutkern aus Soul und Blues. Er ist neben Biggie mein Lieblings-Rapper. Ich kann The Game immer hören und ihn gleichzeitig nie hören, ohne traurig oder wütend oder beides zu werden. Wenn Rapper:innen solche Gefühle bei Hörer:innen auslösen können, entsteht Identifikation, die intensivste Art der ästhetischen Erfahrung.

50 Cent

Die Mythen und tatsächlichen Ungeheuerlichkeiten, die dieser Rap-Star im Schlepptau hat, bilden die düster-glamouröse Folklore der jüngeren Hip-Hop-Geschichte.

Er dealte als 15-Jähriger in Queens / New York, nachdem seine Mutter, ebenfalls eine Dealerin, auf offener Straße erschossen worden war. Er wurde von einer feindlichen Gang mit Kugeln durchsiebt. Neunmal wurde er angeblich getroffen, davon mehrmals ins Gesicht. Als der deutsche Hip-Hop-Journalist Florian Diehl ihn 2003 in Los Angeles besuchte, sollte er Jackson in den Mund greifen. »Fühlen Sie die Narben? Da sind die Kugeln eingeschlagen.«

Angeblich rührt 50 Cents nuschelnde Aussprache von dieser Verletzung her (ähnlich wie Kanye Wests schwere Gesichtsblessuren nach einem Unfall seinen Vortrag entscheidend geprägt haben sollen). Sicher ist: Der 1975 geborene Curtis Jackson war hart im Nehmen. Er würde ideal sein für eine Wiederbelebung des Gangstermythos, wie ihn Jay-Z auf eine weltweit lukrative Weise bereits verkörperte. Nur dass 50 Cent martialischer aussah, viriler auftrat, aggressiver.

Get Rich or Die Tryin': Schon der Titel des Debütalbums ist eine giftige Liebeserklärung an den Neoliberalismus. Mach Geld, werde erfolgreich, sammle Macht und Einfluss. Oder stirb auf dem Weg dahin. Auf einem Foto des CD-Booklets trägt 50 Cent eine kugelsichere Weste. Das Cover ist zersplittert, als stünde er hinter einer zerschossenen Fensterscheibe. 50 Cent ist so gut, so potent und gefährlich, dass schon sein Foto auf einem CD-Cover maßlose Aggressionen bei der Konkurrenz auslöst, sagt diese Inszenierung.

Dr. Dre bewies mit 50 Cent noch einmal sein überragendes Gespür nicht nur als Beat-Architekt und Hersteller eingängiger Hooks. Mit der ersten Songauskoppelung »In da Club« demonstrierte er sein Gespür, den richtigen Song zum richtigen Zeitpunkt herauszubringen. »In da Club« ist ein schlichter Track. Vor sich hin schnarrende Rockgitarre, dumpf in den Beat einfallende Streicher. Der Rhythmus ist ziemlich langsam. Handclaps, per Computer imitiertes Händeklatschen, und ein mürrisch vor sich hin zischelndes Hi-Hat geben den Takt vor. Dann der Rap von 50 Cent: ein zwischen Arroganz und Zorn changierender Vortrag, angereichert mit Spoken-Word-Einsprengseln.

Der Track war lässig, bedrohlich und tanzbar selbst für eine schnellere House-Beats gewohnte Klientel. Man bekam den Song damals, im Jahr 2003, nicht mehr aus dem Ohr. Er wurde überall gespielt, im Radio, in den Clubs. Er lief auf Millionen iPods, Handys und Laptops weltweit. Über 1,7 Milliarden Aufrufe des Videos bislang auf YouTube. Dr. Dre und Eminem hatten mit ihrem Zögling fast über Nacht einen Hip-Hop-Megastar geschaffen (auch wenn Curtis Jackson schon jahrelang relativ unbemerkt von einer breiten Öffentlichkeit Mixtapes eingespielt hatte).

Heute ist 50 Cent eine Hip-Hop-Ikone wie Jay-Z, Eminem und Snoop. Nur dass er kompromissloser ist als seine Mitstreiter. Seine Tracks sind fast alle Hymnen auf das starke männliche Subjekt, das sich Konkurrenten untertan machen und möglichst viel Geld verdienen will. Seine Texte: Festschriften für einen von Reagan und der Clinton-Administration entfesselten und später nicht wieder eingefangenen Spätkapitalismus, der jeden seinen Möglichkeiten/Talenten entsprechend entweder vorankommen oder verarmen lässt.

Curtis Jackson wollte nie wieder arm oder hilflos oder bedroht sein. Mittlerweile hat 50 Cent fünf Alben veröffentlicht. Er ist Fernsehproduzent, Schauspieler, Softdrink-Hersteller. Er ist auf dem Weg zu Reichtum und Einfluss nicht wie Tupac und Biggie gestorben. Den Hip-Hop-Göttern sei Dank.

Ladies first: Queen Latifah und Missy Elliott

Hip-Hop ist ein Männergenre. Das heißt keinesfalls, dass Männer die grundsätzlich besseren Hip-Hopper wären. Es liegt wohl daran, dass sich Männer in einem lange auf Gewalt, Sexismus und Angeberei spezialisierten Genre wohler fühlen als Frauen. Hip-Hop ist jedoch viel mehr als die Plattform für patriarchale Folklore. Es ist ein Medium der Gesellschaftskritik und der Selbstermächtigung. Deshalb haben Frauen Hip-Hop sehr schnell als Form für eine feministische Revolte gegen (männlich verfasste) Unrechtsverhältnisse erkannt. Und weiterentwickelt.

Gibt es eine weibliche Geschichte des Hip-Hop? Die Versuchung ist groß, eine parallele Biographie des Genres zu schreiben, die sich ausschließlich den Künstlerinnen widmet. Aber das hieße auch, Rapperinnen unter Artenschutz zu stellen. Sie in einer Nische der gutgemeinten Spezialkritik einzusperren.

Eine Missy Elliott würde sich diese Idee ebenso wenig gefallen lassen wie Lil' Kim oder Nicki Minaj. Beim Kampf um

Zielgruppenkontakte und Marktanteile stehen diese Künstlerinnen männlichen *und* weiblichen Konkurrenten gegenüber. Ob dir ein Mann oder eine Frau die Aufmerksamkeit streitig macht, ist in marktlogischer Hinsicht erst einmal egal. Das erklärt ansatzweise, warum viele Rapperinnen aggressiv ihre Sexualität zu Markte tragen. Was wie pornographische Selbstbloßstellung aussieht, ist erst einmal unternehmerisches Kalkül. Wenn Brüste »das Universalornament des Kapitalismus« sind, wie Peter Sloterdijk in der *Kritik der zynischen Vernunft* (1983) schreibt, dann hat Jay-Z gegenüber Nicki Minaj einen Wettbewerbsnachteil. Über die Fähigkeit zu rappen sagen solche Befunde nichts aus.

Nicki Minaj steht meiner Ansicht nach ihrem Konkurrenten Jay-Z in puncto Rap-Talent in nichts nach.

Queen Latifah rappte bereits anspruchsvolle Lyrik, als Eminem noch nicht mal wusste, wie Hip-Hop geschrieben wird. Lil' Kim wurde immer wieder als bloße Freundin von Biggie gehandelt, dabei ist sie als Hip-Hop-Stimme genauso markant wie ihr legendärer Lebensgefährte.

Ohne MC Lyte, die 1988 ihre Karriere begann, hätten es Rapper wie LL Cool J und Salt-N-Pepa sehr viel schwerer gehabt, weil Lytes Vortrag damals stilprägend bzw. zukunftweisend war.

Missy Elliott hat Produzent:innen und Rapper:innen von den späten 90er bis Mitte der 10er Jahre vielleicht mehr beeinflusst als jeder andere Hip-Hop-Künstler dieser Ära. Und sie hat den R&B zeitweise im Alleingang umgekrempelt.

Elliott ist eine Erbin der weiblichen Hip-Hop-Pioniere MC Lyte, Roxanne Shanté und Queen Latifah. Ohne Queen Latifah keine Female Superstars.

1989 veröffentlicht eine 1970 in Newark, New Jersey, geborene Afroamerikanerin namens Dana Elaine Owens ihr Debütalbum *All Hail the Queen*. Hip-Hop war zu diesem Zeitpunkt ein junges Genre. Die großen Stars waren LL Cool J, Ice-T und Rakim, Heavy D, N.W.A und Public Enemy. Weibliche Rapper gab es wenige: Salt-N-Pepa, MC Lyte und Roxanne Shanté – das war es dann auch schon.

All Hail the Queen war aus dem Stand ein Klassiker. Der Text des Songs »The Evil that Men Do« findet sich heute in der von Henry Louis Gates und Nellie Y. McKay herausgegebenen *Norton Anthology of African American Literature* (neben Texten von Grandmaster Flash und Public Enemy).

»Evil that Men Do« beginnt mit der für Rap von Anfang an selbstverständlichen Selbstbehauptung des MCs als Könner und Gewinner. Aber ab Vers 21 wird der Song zum sozialkritischen Kommentar aus Perspektive prekär lebender Frauen. »A woman strives for a better life, but who the hell cares? / Because she's living on welfare.« Das war nicht der heitere Party-Rap von Salt-N-Pepa, sondern eine Kampfansage an ein snobistisches und rassistisches Establishment.

Queen Latifah blieb auch auf ihren folgenden Alben eine wichtige Kritikerin der US-amerikanischen Verhältnisse. Von *Nature of a Sista* (1991) bis *Order in the Court* (1998) arbeitet sich Latifah an den entscheidenden Themen eines weiblichen Afroamerikas ab: Armut, Kriminalität, Gewalt von Männern gegen Frauen. Der Song »Brownsville«, im Titel anspielend auf einen rassistischen Skandal innerhalb des US-amerikanischen Militärs im Jahr 1906, ist eine Selbstermächtigungshymne, in der Latifah einem Leben in Armut und Angst den Krieg erklärt.

Über die Jahre wurde Queen Latifah auch eine erfolgreiche Hollywood-Schauspielerin. Sie hatte Rollen in Spike Lees Kinofilm *Jungle Fever* (1991), trat in Genrefilmen auf wie *Set It Off* (1996) und *The Bone Collector* (1999, an der Seite von Denzel Washington und Angelina Jolie) und bekam 1999 mit *The Queen Latifah Show* ihre eigene Talksendung. 2021 spielte sie die Hauptrolle in der Krimiserie *The Equalizer*.

Queen Latifah ist auch eine sehr gute Jazz-Sängerin. Mein Lieblingssong von ihr ist ein Duett mit Tony Bennett von 2011: »Who Can I Turn to«, eine Ballade aus dem Jahr 1964. Viele große Sängerinnen und Sänger, von Shirley Bassey über Dionne Warwick bis Sammy Davis Jr., haben dieses Stück interpretiert. Aber Latifahs und Bennetts Version ist mir die liebste: Die Sängerin hat einen klaren, zarten und dabei kräftigen Ton und kann mühelos neben dem Granden des Vocal Jazz bestehen. Queen Latifah ist eine Königin der populären schwarzen Musik.

Missy Elliott

Missy Elliott hat etwas Einzigartiges geschafft: Sie ist in der Rolle der Rapperin überzeugend, in der Rolle der Produzentin und Songschreiberin überragend. Und ihr Style-Genie hat ab Ende der 90er Jahre die Ästhetik des Hip-Hop-Videos und der Hip-Hop-Mode revolutioniert.

In den frühen 90er Jahren fing sie als R&B-Sängerin an. 1997 produzierte Melissa Arnette Elliott (geboren 1971) mit dem Freund und Studiokollegen Timbaland ihr Debüt-Album *Supa Dupa Fly*. Die Hit-Auskoppelung »The Rain« leitete einen Kulturwandel im Hip-Hop ein, dessen Wucht bis heute nachwirkt. Der Beat ist langsam, ja schwerfällig. Die Koloratu-

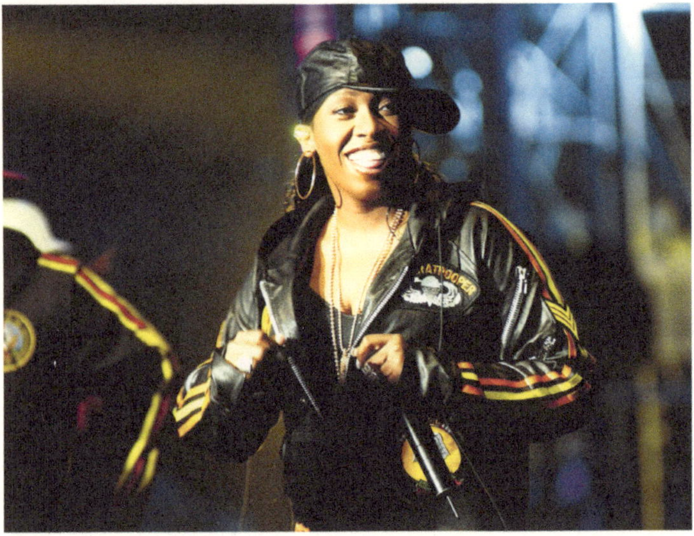

Missy Elliott bei den MTV Europe Music Awards 2003 in Edinburgh

ren, die zwischen die schweren Drumschläge getupft werden – Plopgeräusche, die Regentropfen imitieren; ein synthetisches, wie von Ferne tönendes Gewittergrollen –, hatte es in dieser Soundraffinesse noch nicht gegeben. Elliott rappt schleppend, was ihre Coolness und Überlegenheit zum Ausdruck bringt. Inhaltlich geht es ums Kiffen, während man gelangweilt bei Regen zu Hause bleiben muss. Elliotts Rap-Stil, das schlafwandlerisch Träge, passte perfekt zur Bedeutung des Textes.

Auch Elliotts Rhetorik war revolutionär. Zum Beispiel das Sprachspiel in der Zeile: »I sit on hills like Lauryn.« »Ich sitze auf Hügeln wie Lauryn« ergibt nur Sinn, wenn man die Strophe umdreht und Lauryn und hills zu Lauryn Hill zusammenfügt. Lauryn Hill war die Sängerin der Fugees, eine der stilprägenden Hip-Hop-Soul-Bands der 90er Jahre. Genau genommen ergibt die Zeile gar keinen Sinn, denn niemand außer mutmaßlich Missy Elliott und Lauryn Hill selbst wissen, wie Lauryn Hill auf einem Hügel sitzt. Diese Sprachspielerei könnte von den Marx Brothers stammen. Ihr komisch-absurder Effekt ist bis heute einmalig im Hip-Hop.

Mit dem Song »Work It« (2002) verschob Elliott endgültig die Grenzen der Hip-Hop-Rhetorik in Richtung Literatur. Legendär ist die Songzeile: »Ti esrever dna ti pilf, nwod gniht ym tup I.« Was sollte diese Fantasiesprache bedeuten? Sollte sie überhaupt etwas bedeuten? Die Zeile wurde in den sozialen Medien noch Jahre später millionenfach zitiert – als Beleg für Missy Elliots vertrackten Humor und ihr Talent, einfach alles zu dürfen und damit auch noch Rap-ästhetische Standards zu setzen. Irgendwann begriff man: Die Zeile ergibt rückwärts gelesen: »I put my thing down. Flip it and reverse it.« Die Strophe setzt also genau das um, was sie einfordert: Sie ist reine sprachliche Performanz und dabei hoch selbstreflexiv. Dass so eine sprachliche Innovation bei Missy Elliott mit fetten, durch den Club federnden Beats einhergeht, versteht sich von selbst. Wer es etwas höher hängen möchte: Dieser Hip-Hop vereint U und E, raffinierteste postmoderne Sprachspielerei und auf die Physis zielende Rhythmen in einem Song.

Größenwahn und Selbstentblößung: Kanye West, Kendrick Lamar und Drake

Der Erste ein Skandalbruder mit überragendem Gespür für Mode und digitale Innovationen. Der Zweite ein lyrisches Genie mit politischer Agenda. Der Dritte ein Gefühlspoet, der Hip-Hop-Klischees von Männlichkeit und Gewalt mit fast jedem Song ad absurdum führt. Das sind Kanye West, Kendrick Lamar und Drake. Diese drei Rapper haben Hip-Hop in den letzten 15 Jahren mehr geprägt als alle anderen Musiker. Zusammen ergeben sie ein Idealbild dessen, was Hip-Hop in der Gegenwart sein kann: eine Kunstform der Ermächtigung, des Eskapismus, der musikalisch kompromisslosen Innovation.

Wenn sich das verstiegen anhört, dann kann man auf die Streamingrekorde schauen, die die drei immer wieder brechen (vor allem Drake und Kanye West). Man kann das kulturelle Standing (früher hieß es: Wirkmacht) von Kendrick Lamar erörtern. Der Pulitzer-Preis für Musik, den Lamar 2018 als erster Rapper erhielt, das ist so gut wie ein Oscar in der Filmbranche.

Kanye Wests Modeschöpfungen – vor allem seine Turnschuhkollektionen für Adidas – haben das Erscheinungsbild moderner Großstädter nachhaltig geprägt. Und seit Drake muss sich kein Rapper mehr schämen, in seinen Songs von Liebeskummer und Selbstzweifeln zu sprechen. Die weltweite Fangemeinde dankt es ihm mit Abrufzahlen im Netz, die immer wieder die Milliardengrenze überschreiten. Milliarden Klicks – Paul McCartney, die Rolling Stones oder Elton John kommen da kaum heran.

Dieser Künstler ist ein Tausendsassa: Producer, Rapper, Modedesigner, politischer Aktivist, Enfant terrible des Musikfernsehens, Interims-Star des Reality TV.

Von Kanye West (geboren 1977) hatten die meisten Menschen schon etwas gehört ab Mitte der Nuller Jahre, einen seiner großen Hits wie »Gold Digger« (2005) oder »Jesus Walks« (2004) zum Beispiel. Aber so richtig ins Weltbewusstsein der Popkonsumentinnen und -konsumenten trat er erst, als er 2014 Kim Kardashian heiratete.

Kardashian ist der größte Star des gleichnamigen Clans. Eine Familie, die 20 Staffeln lang unter dem Titel *Keeping Up with the Kardashians* ihr Leben fürs Fernsehen verfilmte. Eine Reality Soap, die von Stuttgart bis Sidney gesehen wurde und die Kardashians zu Milliardären machte. West galt zum Zeitpunkt der Heirat als König Midas des afroamerikanischen Pop. Was er anfasste, wurde zu Streaming-Gold. Zu Beginn hatte er Songs für seinen Freund und späteren Konkurrenten Jay-Z geschrieben. Ab 2003 nahm er eigene Alben auf.

Die elf Werke – man muss bei West von Werken sprechen, weil vor allem die späteren Alben streng durchkuratiert sind – vermengen Jazz, Rock, Elektro und Rap zu einem postmodernen Hip-Hop, der in Clubs genauso funktioniert wie im Auto oder zu Hause.

Als genialisch gilt sein Einsatz von Samples, zum Beispiel Versatzstücke aus dem Song »Harder, Better, Faster, Stronger« von Daft Punk in »Stronger« (2007). Das französische Popduo collagierte Sounds ebenfalls virtuos, und diese grundsätzlich mit Sci-Fi-Helmen auftretenden Zitierkünstler zu zitieren, drehte die postmoderne Soundspirale noch einmal ein gutes Stück weiter.

Um 2015 herum wurde West erst politisch, dann sehr exzentrisch, am Ende erratisch. 2021 präsentierte er das noch nicht fertige Album *Donda* (benannt nach seiner Mutter) in einem Fußballstadion. Er selbst trat mit schwarzer Strumpfmaske über dem Gesicht in Erscheinung (oder eher nicht) und hörte mit rund 40 000 Menschen seiner eigenen Platte beim Abspielen zu. Nicht zufrieden mit dem Ergebnis mietete er das Stadion für eine Million Dollar pro Tag, ließ die Wohnung seiner Mutter in eben diesem Stadion nachbauen und zog sich für die weitere Produktion des Werks in diese Wohnung zurück.

Das Ergebnis war ein millionenfach gestreamtes Album, das Kritiker mal zu Begeisterungsstürmen hinriss, mal nervte. Ganz sicher ist *Donda* eines der eigensinnigsten Werke der Hip-Hop-Geschichte. Streckenweise gibt es keinen konventionellen Beat mehr. Die Texte sind persönlich bis an die Grenze zur Unverständlichkeit. Als Einstieg sind die drei ersten Alben zu empfehlen: *The College Dropout* (2004), *Late Registration* (2005), *Graduation* (2007). Das vierte Album *808s & Heartbreak* (2008) machte den sogenannten Auto-Tune-Effekt, das technische Verfremden der Stimme zum Quengeln, auf breitester Front im Pop salonfähig.

Kanye West personifiziert zudem eine Sollbruchstelle von Hip-Hop: seine Anfälligkeit für das Extreme, für die politische Entgleisung, für Sexismus, Antisemitismus und Frauenhass. Im Oktober 2022 kündigte ihm Adidas die Zusammenarbeit, der Grund waren die eingangs erwähnten antisemitischen Äußerungen. Bei Arbeitstreffen soll West pornographisches Material gezeigt haben – ein massiver Übergriff. Dass sich einer der größten Künstler Afroamerikas gleichzeitig als toxischer

Querulant disqualifiziert, ist eine der grimmigen Pointen der Genie-Ästhetik, wie sie die bürgerliche Kunstauffassung nach wie vor dominiert. Ja, man kann ein Arsch sein und zugleich ein genialer Schöpfer. Wie man sich als Hip-Hop-Fan dazu verhält, ist eine Frage des persönlichen Ermessens. Mit Wests politischen Haltungen will ich nichts zu tun haben. Aber für jeden einzelnen Track von *Watch the Throne*, seinem gemeinsam mit Jay-Z eingespielten Album, bin ich ihm dankbar. Word.

Das Private ist politisch: Kendrick Lamar

Er stammt aus Los Angeles und ist eng mit Dr. Dre verbunden. Das heißt, sein Sound orientiert sich am melodischen Westküsten-Rap. Die Beats sind eingängig, streckenweise konventionell. Aber die Texte! Das dauernde Abfeiern von Waffengewalt, sexuellen Eroberungen und im Maybach umherkutschierten Drogenbergen interessiert Kendrick Lamar nicht. Seine Texte handeln von den privaten Auseinandersetzungen von Mann und Frau – aber nicht in privatistisch-romantischer Weise, wie der R&B dieses Thema oft darstellt. Mit Kendrick Lamar (geboren 1987) füllt sich der alte Spruch der 70er Jahre, das Private sei politisch, wieder mit Bedeutung.

Um Lamars epochale Bedeutung für den Hip-Hop zu begreifen, genügt es, ein Album zu hören: *Mr. Morale & the Big Steppers* (2022). Zwei Therapieprojekte werden auf diesem Werk verschmolzen: die Selbsterkundung des afroamerikanischen, von persönlichen Traumata belasteten Mannes. Und die Inspektion der schwarzen Community, des Unrechts, mit dem sie heute, über fünfzig Jahre nach Martin Luther King und Malcolm X, immer noch klarkommen muss.

Es ist ein überwältigendes Album: überwältigend raffiniert in der Orchestrierung, im Einsatz von Samples, von Sounds und Stillagen. Überwältigend auch in seiner psychoanalytischen Brillanz und politisch-diagnostischen Schärfe.

Ich kenne kein vergleichbares Rap-Album. Keine derart imposante Oper, die Persönlichstes, die großen Verletzungen, die das künstlerische Subjekt zum kreativen Ausdruck nutzt, auf eine derart leidenschaftliche Weise kurzgeschlossen hat mit politischer Kritik.

Mr. Morale am Stück zu hören ist eine Belastung, eine Herausforderung, ein Glück. Bei jedem Song dachte ich, das ist unglaublich: wie er das Klavier einsetzt, mal den verstolpert-virtuosen Stil von Thelonious Monk zitierend, dann wieder so, als säße Igor Levit am Grand Piano und improvisierte über ein Motiv von Bach.

Wie Lamar enorme Textmassen vor sich her bewegt, ohne dass es kokettes Gerede würde oder, wie so oft im Hip-Hop, als protzige Selbstfeier des kapitalistischen Gewinnertypen endete. Wie er über seine Mutter spricht, seine Großmutter, seine Liebe zu anderen Künstlern wie Drake und Kanye West. Alles verständlich, alles erschütternd ehrliche Angebote zur Identifikation, auch für weiße Hörerinnen und Hörer.

Ich kenne das, und ich glaube, vielen geht es genauso: dass die, die man liebt, auch jene sind, die einem sehr weh tun können. Der Song »We Cry Together« ist in dieser Hinsicht ein brutaler Dialog zwischen zwei ehemaligen Liebhabern. Eine Frau und ein Mann schlagen verbal aufeinander ein, wütend werden die Vorwürfe hingeblafft. Erst ist es eine persönliche Abrechnung mit den Charakterfehlern des andern. Dann wird aus der Suada eine generelle Abrechnung mit dem anderen Geschlecht.

»You the reason why strong women fucked up / You the reason R. Kelly can't recognize that he's abusive«, sagt sie. Und er bellt zurück: »Fuck you bitch!« – »Fuck you, N-Word!« – »Fuck you, bitch!« – mit diesen Kränkungen gehen die ehemaligen Lover aufeinander los. Und dann schlägt das »Fuck you!« in ein »Fuck me!« um, flehentlich vorgetragen. »Fuck me«, mach's mir, sei mir nah. Erlös mich von dem Schmerz, den unsere Existenz als schwarze, weiterhin von der Polizei bedrohte und von weißen Rassist:innen marginalisierte Männer und Frauen mit sich bringt.

Neben den liebend Strauchelnden und Scheiternden treten als zentrale Figuren auf: Vater und Mutter. Das Stück »Father Time« kontrastiert die Sprüche eines Vaters, der dem Sohn erklärt, wie das Leben zu führen sei, mit einem Kommentar ebendieses Sohnes, der seinen Vater bittet, endlich eine Therapie zu machen. Da prallen Männlichkeitsmodelle mit Wucht aufeinander. An einer Stelle nimmt Lamar Bezug auf Hip-Hop-Megastar Kanye West, der sich mit seinem Konkurrenten Drake ausgesöhnt hatte, was ihn, Lamar, wiederum verwirrte. Man ahnt, was für eine komplizierte Psychodynamik sich zwischen diesen drei Rap-Großkünstlern abgespielt haben muss. Brudereifersucht? Oder hatte einer die Rolle des Vaters, und die anderen beiden waren eifersüchtige Söhne? »Father Time« jedenfalls ist ein Song, um Männer zu trösten und Frauen ein wenig in männlich verschrobener Psychologik zu unterrichten (so sie's denn wollen).

»Mother I Sober« ist der Höhepunkt des Albums. Das Klavier tönt sachte, die romantische Klassik zitierend. Lamar spricht über seine Mutter, seine Großmutter, was er ihnen verdankt. Dann: »The devastation, hauntin' generations and humanity / They raped our mothers, then they raped our sisters /

Then they made us watch, then made us rape each other / Psychotic torture between our lives we ain't recovered.« Das ist der Befund: Die rassistischen Machtverhältnisse haben alle vergewaltigt: Frauen und Männer, Brüder und Schwestern, Mütter und Ehefrauen. Aber das Sprecher-Ich bleibt nicht bei der Resignation stehen. Die Streicher verdichten sich zum Fanal für die Hoffnung auf eine große, immer noch ausstehende Veränderung. Schließlich sagt eine Frauenstimme: »You did it [...] / You broke a generational curse.« Und eine Kinderstimme sagt: »Thank you, daddy, thank you, mommy, thank you, brother.«

Muss das nicht die Richtung sein für uns als gesellschaftliche Akteure? Dass wir die Flüche, die uns politisch, kulturell und sozial über Generationen vergiften, abschütteln? Kendrick Lamars Album kann, glaube ich, der Soundtrack für diese Arbeit sein.

Drake

Sein Debütalbum *Thank Me Later* (2010) ist über zehn Jahre alt, und erst jetzt, zu Beginn der 20er Jahre, begreift man, wie zukunftweisend sein Sound schon damals war. Drake hören heißt zeitgleich zwei Genres auf einmal rezipieren: Hip-Hop und R&B. Drake hat die Grenzen zwischen diesen beiden Spielarten afroamerikanischer Popmusik lange, bevor es allgemein Mode wurde, geschleift. Ein Superstar wie The Weeknd ist ohne Drakes Werk nicht denkbar. Überhaupt ist der ganze aktuelle Hip-Hop, mit seiner an Pop, Disco und R&B orientierten Tönung, eine Folge von Drakes enormem Talent.

Als ich begann, mich mit Drake für dieses Buch näher zu beschäftigen, erschien mir sein Sound lapidar. Die Fixierung auf das Thema romantische Liebe fand ich annähernd zwanghaft. Und seine Stimme war mir zu hell und nasal. Für mich klang er blasiert, streckenweise kraftlos und – was die Reimtechnik angeht – nicht besonders virtuos.

Heute weiß ich: Drakes Talent besteht in der perfekten Abstimmung von Inhalt und Form, Sound und Message. Als Lyriker vertont er das Lebensgefühl eines modernen Mannes, dessen romantische Projekte an den eigenen Neurosen scheitern. Und diese Befindlichkeit kann nicht mit der zynischen Männlichkeit eines 50 Cent oder dem kessen Draufgängertum des frühen Jay-Z vertont werden.

Drake vermittelte R&B, die sportliche postmoderne Version von Soul, mit Hip-Hop. Er rappt und singt, manchmal sind die Übergänge fließend. Die Beats seiner großen Hits sind oft spröde und bretthart. Die Orchestrierung der Songs hingegen ist kühl und kommt fast ohne Samples aus. Drakes Musik passt in die Lounges von Flughäfen genauso wie in die Boombox eines SUV oder auf den Dancefloor eines angesagten Clubs. Auch darin liegt eine große Innovation: verschiedenste Anwendungen eines Sounds möglich zu machen. Musik zu kreieren, die verschiedenste Spielorte und Zielgruppen kurzschließen kann.

Cash Money heißt das Label, das Drake zum Megastar machte. Seine Labelkollegen und persönlichen engen Freunde sind die Rapper:innen Lil Wayne und Nicki Minaj. Mit beiden hat er zahlreiche Songs aufgenommen. Lil Wayne spielt dabei die Rolle des vom Gangsta Rap inspirierten Reimakrobaten. Nicki Minaj ist eine pornöse Barbie mit enormer rhetorischer Energie. Als Trio bilden diese Stars die Idee von Hip-Hop der Gegenwart ab: ein Genre, das gefühlig und sarkastisch, sexistisch und romantisch zugleich sein kann.

»Ort? Wort!«

Hip-Hop und seine Spielorte

Auch wenn Eric B. & Rakim sagten: »It ain't where you're from, it's where you're at«, ist Hip-Hop ein regionales Genre. Der Herkunftsort ist zentral: für das Selbstverständnis als Rapperin und als Rapper. Für den Habitus als Künstler und Lokalpatriot. Eine Übersicht über die wichtigen Regionen des Hip-Hop in Deutschland und Nordamerika und eine Auswahl der von dort stammenden Künstler:innen:

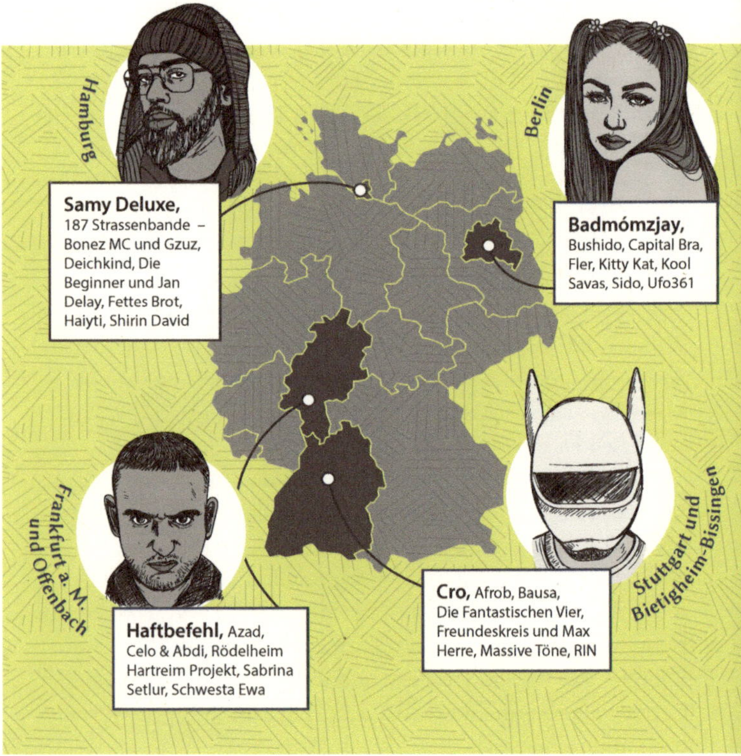

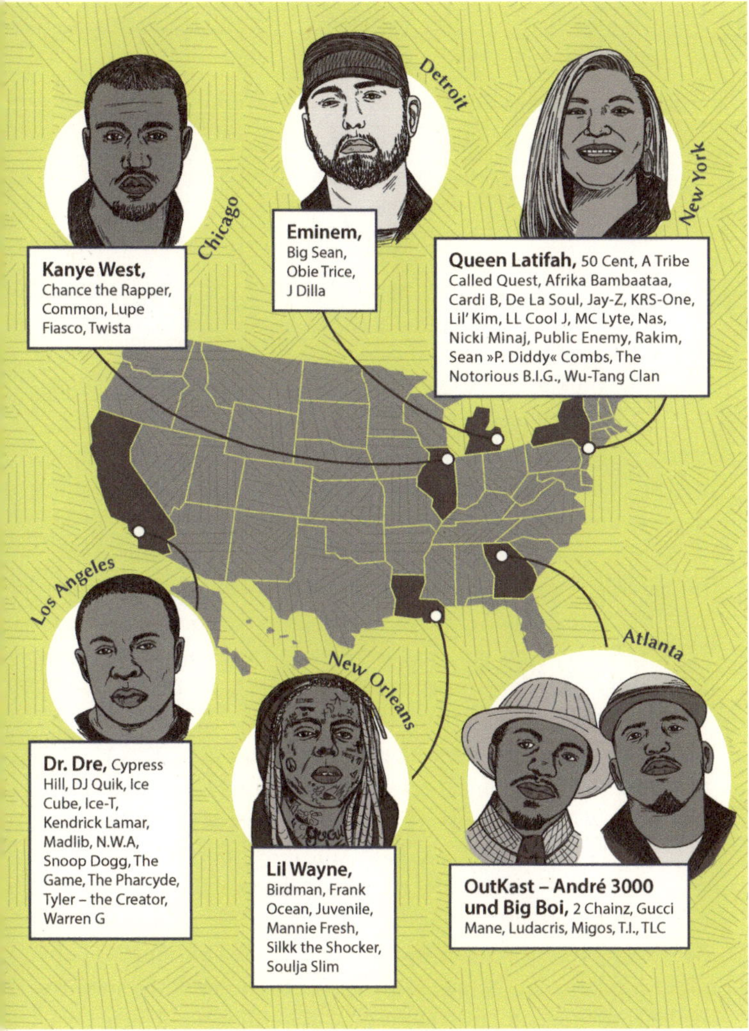
Chicago
Kanye West,
Chance the Rapper, Common, Lupe Fiasco, Twista
Detroit
Eminem,
Big Sean, Obie Trice, J Dilla
New York
Queen Latifah, 50 Cent, A Tribe Called Quest, Afrika Bambaataa, Cardi B, De La Soul, Jay-Z, KRS-One, Lil' Kim, LL Cool J, MC Lyte, Nas, Nicki Minaj, Public Enemy, Rakim, Sean »P. Diddy« Combs, The Notorious B.I.G., Wu-Tang Clan
Los Angeles
Dr. Dre, Cypress Hill, DJ Quik, Ice Cube, Ice-T, Kendrick Lamar, Madlib, N.W.A, Snoop Dogg, The Game, The Pharcyde, Tyler – the Creator, Warren G
New Orleans
Lil Wayne,
Birdman, Frank Ocean, Juvenile, Mannie Fresh, Silkk the Shocker, Soulja Slim
Atlanta
OutKast – André 3000 und Big Boi, 2 Chainz, Gucci Mane, Ludacris, Migos, T.I., TLC

»I love my Adidas«: Hip-Hop und Mode

Hip-Hop und Mode waren von Anfang an perfekt aufeinander zugeschnitten. Turnschuhe machten in den 80er Jahren den Anfang. Von da an ließen sich Modemacher und ihre Zielgruppen auf der ganzen Welt von B-Boys und -Girls (den Breakdancer:innen), Sprayern und Rapper:innen inspirieren.

Wie weit der Einfluss von Hip-Hop auf Mode und Werbung reicht, macht folgende Anekdote deutlich. Der Journalist und Marketingexperte Steve Stoute liebt Hip-Hop, und er liebt Werbung. Aus diesem Faible hat er ein florierendes Unternehmen gemacht. Er beriet zum Beispiel Jay-Z bei der Lancierung seiner Modemarken.

Für eine Vortragsreihe interviewte Stoute den Hip-Hop-Star und Produzenten Pharrell Williams (geboren 1973), ein androgyn wirkender Schlacks, der spätestens als Stimme des Daft-Punk-Hits »Get Lucky« im Jahr 2013 eine globale Popmarke wurde. »Wie kam das nochmal zustande, diese Sonnenbrillenkollektion von Louis Vuitton?«, fragte Stoute. Und Williams erzählte, wie er »irgendein hohes Tier« von Vuitton bei einer Modenschau getroffen habe. »Er sagte, er fände meine Brille cool, und ich erklärte ihm: Ja, die erinnert mich an The

Notorious B.I.G. Und an Tony Montana aus *Scarface.*« Stoute: »Verstehe ich das richtig: Der Modekonzern Louis Vuitton hat sich von einem Gangsta-Rapper und einem Koksdealer dazu inspirieren lassen, ins Brillengeschäft einzusteigen?« Williams: »Yes, Sir.« 2023 wurde Williams gar zum Creative Director der Louis-Vuitton-Männerlinie berufen und folgte damit auf den legendären, 2021 verstorbenen Modedesigner Virgil Abloh.

Die Geschichte illustriert, was Hip-Hop heute ist: nicht mehr nur Baggy Pants und Baseballkappen tragende Jungs und Mädchen, die per Mikro ihre Reime abfeuern, sondern eine Kulturform, ein Wirtschaftszweig, ein Stück US-amerikanischer Folklore und eine globale Konsumidee.

Die größten Stars des Genres haben sich vom ursprünglichen, am Sport orientierten Erscheinungsbild weitgehend gelöst. Jay-Z trat zuletzt vornehmlich im Smoking auf. Kanye West erschien auf der Bühne mal in Damenblusen und Skinny Jeans, dann mit monströs aufgeplusterter Daunenjacke und strumpfmaskenverhülltem Gesicht.

Sneakers stehen am Anfang, an der Basis der Hip-Hop-Mode. Die zentrale Szene fand 1986, bei einem Konzert der US-amerikanischen Rap-Gruppe Run-D.M.C. in Philadelphia statt. Die Band forderte beim Song »I Love My Adidas« ihre Fans auf, die Sneakers in die Luft zu halten. Der Manager der Gruppe schickte einen Videomitschnitt des Auftritts an das Adidas-Management im fränkischen Herzogenaurach, und dort war man so begeistert, dass sofort eine Run-D.M.C.-Edition aufgelegt wurde.

Anfang der 90er Jahre entdeckten Rapper die Marke Timberland, vor allem den »Yellow Boot«, einen wasserdichten sandfarbenen Stiefel. Die robusten, ohne Schnürsenkel getra-

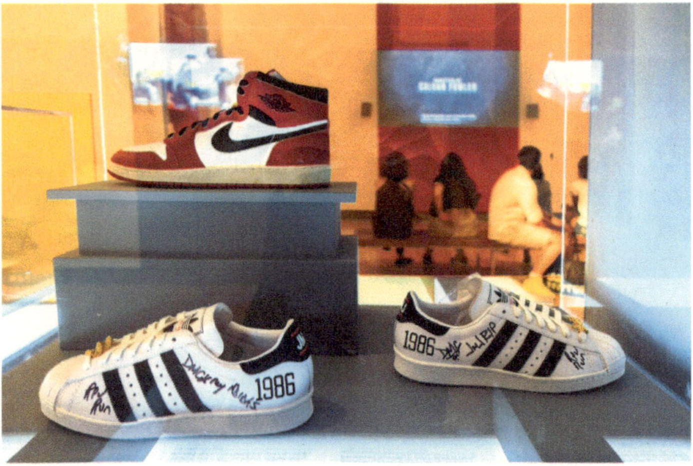

Museumsreif: Adidas Superstar Sneaker in der Run-D.M.C.-Edition, ausgestellt im Brooklyn Museum, New York 2015

genen Schuhe passten perfekt zur Kollektion von Karl Kani, einem afroamerikanischen Modemacher, der seinen Stil selbstbewusst *Ghetto Chic* nennt. Zur gleichen Zeit brannten in Los Angeles die Elendsviertel. Es gab Aufstände gegen eine rassistische Polizei, die von der Justiz gedeckt wurde. In dieser Zeit radikalisierten sich die Gangs der Westküste. Auch sie trugen zur Modegeschichte des Hip-Hop bei. Tattoos sind Pflicht, die Zugehörigkeit zu einem bestimmten Lager wird außerdem mit farbigen Halstüchern signalisiert. Rote für die Bloods, blaue für die Crips.

Der Rapper Snoop Dogg war bei den Crips. Bis in die Nuller Jahre trat er in den blauen Stammesfarben auf. Dann wurde ihm die Gangsterfolklore wohl etwas peinlich. Es wirkt seltsam, wenn man den Tag mit Managern und Dienstboten verbringt, aber so tut, als sei man in einer Wellblechhütte in L. A. zu Hause. Doch die von Gewalt und Ausgrenzung geprägte Geschichte der Afroamerikaner:innen bleibt in die Stile eingenäht wie ein Innenfutter, das immer wieder aufblitzt.

Selbst die ironischen Inszenierungen eines Dapper Dan belegen das. Der New Yorker Schneider fabrizierte Anfang der 80er Lederparkas mit fuchspelzbesetzten Riesenkapuzen und bedruckte sie mit Chanel-Logos. Die besten Kunden waren Dealer, die in geheimen Innentaschen ihren Stoff versteckten. Irgendwann bemerkten die Modefirmen, was der Mann da trieb in Harlem, und verklagten ihn. Dapper Dan musste die Produktion einstellen, aber die Welt war um ein Modekonzept reicher. Nicht das Kleidungsstück zählt, sondern das Label, das draufklebt. Das prominent platzierte Markenlogo wurde stilprägend.

Exklusive Kleidung zu tragen, das ist für die Aufsteiger aus den Ghettos eine Machtdemonstration. Und bevor es ins Ironische gewendet wurde, steckte in der Fetischisierung von Marken auch eine soziale Utopie. Nagelneue Adidas-Sneakers, ein leuchtendes Kangol-Hütchen oder die blitzende Gürtelschnalle von Gucci – so ein Outfit sagte: Ich bin nicht von dieser Welt, nicht aus diesem schmutzstarrenden Elendsort, durch den Weiße nicht mal mit dem Auto fahren.

Zur Hochzeit der Reagan-Administration kam deshalb Ski-Bekleidung in Mode. Man trug Steppjacken und Synthetik-Hosen, weil sie futuristisch wirkten. »Die Zukunft war ein Versprechen für diese Großstadt-Kids, eine kommende Zeit der Klarheit und Kontrolle, während die Vergangenheit von Unterdrückung geprägt war«, schreibt die Fotografin Martha Cooper in ihrem exzellenten Fotobuch *Hip Hop Files*.

Mit Barack Obama lässt sich sehr gut der enorme Einfluss von Hip-Hop als Stilinstitution belegen. Der 44. Präsident der Vereinigten Staaten liebt Hip-Hop, sicher auch, weil man damit junge Wählergruppen erreichen kann. Ob er Adidas-Sneakers im Schrank hat, ist nicht verbürgt. Aber sein Gespür für das Inszenatorische am eigenen Auftritt, also für Mode, ist enorm. Bei einer Wahlveranstaltung sprach er davon, wie man mit Anfeindungen des politischen Gegners umgeht, und ahmte eine berühmte Geste von Jay-Z nach: Er fächelte sich verächtlich einen imaginären Fussel von der Schulter.

Deutschland: Stilprägende Rapperinnen und Rapper

Wieso beginnt diese Porträtreihe deutscher Hip-Hop-Stars mit Aggro Berlin, also den Rapperinnen und Rappern der Nuller Jahre? Warum wird nicht der deutsche Hip-Hop ab Ende der 80er Jahre angemessen ausführlich besprochen? Im historischen Überblick wurden die Rapper der Vor-Aggro-Zeit erwähnt. Aufgrund des begrenzten Raums konzentriere ich mich auf die Brüche in der deutschen Hip-Hop-Geschichte. An den Bruchstellen zwischen zwei Hip-Hop-Phasen lässt sich die gesellschaftspolitische und ästhetische Kraft des Genres besser in den Blick nehmen.

Bislang hat der deutsche Hip-Hop dreimal einen frappierenden Sprung gemacht, was Innovation und wirtschaftlichen Erfolg angeht. Die markanten Momente sind: die Gründung von Aggro Berlin zu Beginn der Nuller Jahre. Die Auftritte von Haftbefehl und Capital Bra ab 2013. Die Frauenoffensive von Shirin David und Co. ab 2021.

Eine silberne Totenkopfmaske? So ziemlich das Schrägste, was einem Rapper Mitte der Nuller Jahre einfallen konnte. Und das Schlüssigste. Nicht nur, dass die glitzernde Visage ein schöner Kommentar zum Startum war – der Popheld als gruselige Projektion von Medien und ihren Zielgruppen. Die schillernde Maske markierte auch eine neue Ära: die Geburt des Deutsch-Rap aus dem Geiste des Comics.

Der Musiker hieß Sido. Ausgedacht hatten ihn sich zwei Mittelschichtskreative namens Specter (ein Graffitikünstler) und Spaiche (ein Breakdancer). Gemeinsam mit Halil, dem Betreiber eines Hip-Hop-Gebrauchtartikelladens, machten sie den Maskenmann zum Superstar ihres 2001 gegründeten Labels Aggro Berlin.

Das erste Album von Sido hieß konsequenterweise *Maske*, es erschien 2004. Zu diesem Zeitpunkt hatten sich die aggressiven Hauptstädter schon einen Ruf erworben. Mit fetten, am US-Hip-Hop orientierten Beats und kalkuliert provokanten Texten lieferten sie den Soundtrack zum Deutschland der Agenda 2010.

Als Bushido 2003 sein Album *Vom Bordstein bis zur Skyline* bei Aggro veröffentlichte, wurde zur selben Zeit der erste Teil der Hartz-Gesetze im Bundestag verabschiedet. Zu den verschärften Verhältnissen passten Hip-Hop-Bands wie die Fantastischen Vier nicht mehr so richtig. Auch Rapper wie Olli Banjo, Curse und Torch – alles exzellente Reimer – waren nicht mehr mehrheitsfähig und schon gar nichts für den Top-Ten-Stapel bei den großen Handelsketten.

Bushido aber traf den Nerv der Zeit: Vorbereitet durch den Erfolg des US-amerikanischen Gangsta Rap, fasziniert vom

Unterschichtentheater, wie es RTL II hartnäckig vermarktet, erkannten Jugendliche im Deutschtunesier den Entertainer der Stunde. Die Underdogs bekamen in Texten von kaltgemachten »Huren« und ausgeraubten Bonzen ihre Ressentiments bestätigt; die Mittelschicht-Kids konnten mit den Outlaw-Posen ihre Eltern schocken. Und die Bundesprüfstelle für jugendgefährdende Medien hatte wieder etwas zum Indizieren.

Mit Sido und seinen Mitstreitern wurde das Konzept 2004 perfektioniert und ausgebaut. Zwar wanderte Bushido im Streit zum Major-Label Universal ab, aber Specter und Spaiche hatten bereits ausreichend viele Charaktere kreiert, um den Aggro-Comic angemessen zu bebildern.

Für jeden Geschmack gab es eine Figur: Sido, den Rap-Clown, der es mit zotigen Texten (»Arschficksong«) sowohl auf den Index als auch auf die iPods der Teenager schaffte. Fler, der aussah, als hätte ihn sich Leni Riefenstahl nach der Besichtigung eines Jugendknasts ausgedacht. Der Afrodeutsche B-Tight, den man als hyperpotenten »N-Wort« vermarktete. Tony D, eine Mischung aus Nibelungen-Siegfried und Kategorie-C-Proll, veredelt mit dem Charme eines Psychiatriepatienten.

Sie alle brüskierten auf ihre Weise die Sittenwächter und beschäftigten die Journalisten. Politisch inkorrekt waren sie alle. Die Affronts reichten von extremem Sexismus (Sido, B-Tight) bis zur Koketterie mit dem Faschismus. Als ein Album von Fler 2005 mit dem Slogan »Ab 1. Mai wird zurückgeschossen« beworben wurde, hatte selbst die eigentlich unkritische *Juice* genug. Das Hip-Hop-Magazin verweigerte die Berichterstattung.

Sido, Bushido und Fler wurden die größten Stars der Aggro-Ära. Bis heute rangieren ihre Alben und Tracks weit oben in den Streamingcharts.

Berührungsängste mit dem Boulevard, die Furcht vor dem sogenannten Ausverkauf kennen weder Bushido noch Sido. Sido war Juror bei *Popstars*, Bushido ließ sein Leben von Produzent Bernd Eichinger verfilmen (*Zeiten ändern dich*, 2010, R: Uli Edel). Ab 2020 geisterte der Deutschtunesier als Skandalnudel durch die deutsche Presse: Seine Verbindungen zum kriminellen Clanchef Arafat Abou-Chaker aus Berlin bescherten ihm Aufmerksamkeit und zeitweise Personenschützer. Sich mit dem organisierten Verbrechen einzulassen, mag als Idee für einen Popsong lukrativ sein – im wahren Leben werden solche Verbindungen irgendwann belastend.

Bushido

Der Sound: am US-amerikanischen Straßen- und Gangsta Rap orientiert. Die Rhetorik: aggressiv. Die Agenda: Bushido vertont die Prosa eines Unterschichtlers, der schlau genug ist, zu wissen, dass Aufstiegsträume von Migranten oder ihren deutsch gewordenen Nachfahren anders auszusehen haben als die eines »biodeutschen« Kleinbürgers, der in die gesellschaftliche Mitte drängt. Anders heißt: härter, cooler, abgeklärter, wenn nicht zynischer.

Und weil Bushido (geboren 1978) in den frühen Nuller Jahren ein sehr gut aussehender Mann Mitte 20 ist, weil er den Zungenschlag des Westberliner Straßenjungen perfekt imitieren bzw. abrufen kann und weil er Hip-Hop liebt, seitdem er das erste Mal N.W.A und Snoop Dogg gehört hat, wurde aus seinem Debüt eine Blaupause für kommende Rap-Stars made in Germany.

Der bis Ende der 90er stilprägende Hamburger Straßen-

Rap war ebenfalls tough gewesen, aber er war nicht zynisch, nicht so fertig mit den Verhältnissen, nicht so abgezockt, was das Erkennen der Lage anging. Und die Lage war düster: Hartz IV schuf eine neue Gesellschaftsklasse, die (pop)kulturell für alles stand, was einem Mittelschichtler nicht passieren durfte: arm sein. Kaum Chancen haben, kulturelles Kapital anzusammeln.

Wenn die konventionellen Aufstiegsmodelle für dich nicht gelten, greift ein anderes Konzept, ökonomisch und sozial Ansehen zu ergattern: Kriminalität. Für die Popkultur anschlussfähiger kann man sagen: das Gangstertum.

Der Gangster war schon für US-Rapper wie Jay-Z, Snoop Dogg und 50 Cent ein Erfolgsmodell gewesen. Stramm orientiert an der neoliberalen Idee, dass der Einzelne, arbeitet er nur hart genug, es ganz nach oben schaffen kann und dass der Markt die Dinge, auch die sozialen und kulturellen, zum Wohle aller bestens regeln wird, erklärte Bushido in seinen frühen Tracks den Deutschen, wie eine Karriere abseits des bürgerlichen Mainstreams im Hartz-IV-Deutschland aussehen könnte. Drogendeals, bewaffneter Raubüberfall, das Ausschalten von Konkurrenten, sowohl im Rap- als auch im Drogen-/Waffen-Geschäft: Das waren die Themen, mit denen Bushido sein Publikum in Atem hielt.

Sein Publikum rekrutierte sich aus zwei wichtigen Milieus: den Kindern der mittleren und oberen Mittelschicht und migrantischen Jugendlichen aller Couleur. Für die weißen »biodeutschen« Söhne und Töchter der bürgerlichen Klasse waren Bushido-Tracks ideal, um die Eltern zu schocken und dem ersehnten Hip-Hop-Land Amerika ein wenig näher zu sein. Für eine migrantische Jugend war Bushido die Bestätigung, dass die liberale deutsche Gesellschaft mit ihren Anpassungspflichten nicht das letzte Wort haben musste, wenn es um Ansehen, Erfolg und erotischen Mehrwert ging.

Bushido hören half dabei, ein Mann zu sein, der seinen Weg geht. Der Aufwärtsmobilität mit den Mitteln und Mythen des US-amerikanischen Gangsterfilms verkörpert. Und das Ganze in einem Sound, der düster und funky, brachial und swingend zugleich ist.

Sido

Sido, 1980 als Paul Würdig in Ost-Berlin geboren, trug eine verchromte Totenkopfmaske, schwärmte in seinen Songs von Analverkehr und Drogen und verkaufte von seinem Debütalbum *Maske* ab 2004 180 000 Exemplare. Die Bildungsbürger waren entsetzt, deren Kinder begeistert, und die Bundesprüfstelle für jugendgefährdende Medien hatte ein neues Feindbild. Von da an ging es für Sido und das Label Aggro Berlin bergauf, während Deutschland seine Talfahrt in Richtung Hartz IV und Prekariat begann. Irgendwo in der Mitte traf man sich dann: Der Rapper war ab Mitte der Nuller Jahre nicht mehr so aggressiv und obszön wie früher. Das Land war ernüchtert und kämpfte mit Abstiegsängsten.

Mit dem Album *Ich* (2006) verbürgerlichte Sido seinen Stil. Weil man nicht ewig von Waffen, Bullterriern und Geldbündeln schwadronieren konnte, verpasste sich Sido fürs zweite Album ein neues, konsensfähigeres Image. »Ich bin kein Gangster, kein Dieb, kein Killer«, rappte er auf der ersten Single. »Ich bin ein Straßenjunge.«

Das klang nach einem neuen Realismus, und tatsächlich: Wenn *Maske* ein Hip-Hop-Blockbuster mit jeder Menge Ef-

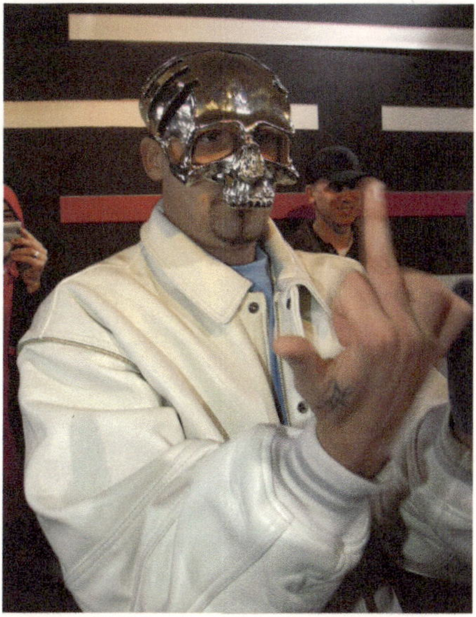

Sido (Paul Würdig), 2004

fekten war, dann war *Ich* ein Dokumentarfilm, ein fiktiver natürlich. Ein bisschen wie die Filme des Dokumentarkomikers Sacha Baron Cohen alias *Borat*, der ja auch immer dort für Lacher sorgt, wo man eigentlich heulen müsste.

Die Berichterstattung auf *Ich* umfasste 22 Songs, es war vom Alltagsstress der Armen die Rede (»Nie wieder«), von Aufstiegskämpfen (»Goldjunge«), von Drogenleid (»Bergab«) und sogar von Vaterglück (»Ein Teil von mir«).

»Ich will das, was ich jetzt habe, nicht wieder verlieren«, erklärte der Rapper damals in einem *Spiegel*-Interview. »Ich muss meinen Pflichten nachkommen.« Die bestanden in der Folge weniger im gut vermarktbaren Affront als in der Erfüllung bürgerlicher Normen.

Heute, sieben Alben später, nach Auftritten als Musikjuror im Fernsehen, will Sido sich als Artist im Spannungsfeld von Nihilismus und Partizipation, als Wohnblock-Barde mit Option auf Vorortvillen und Aktienportfolios verstanden wissen. Letztlich ist Sido ein Aufsteiger, der auf dem Weg jede Menge Freunde mitgezogen und qua Produzententätigkeit sozialversicherungspflichtige Jobs geschaffen hat. Wären da nicht die Maske und die Sache mit dem »Arschficksong«, er könnte als Maskottchen für die FDP durchgehen: dynamisch, zielstrebig, selbständig.

Fler

Wenn er so dasteht, mit vorgerecktem Brustkorb, die Fäuste geballt, den Blick entschlossen auf den Betrachter gerichtet, dann brauen sich bereits die ersten unschönen Assoziationen zusammen. An den Proletkult der 1920er Jahre denkt man, an die gestählten Körper der bolschewistischen Revolution, gekreuzt mit der Ästhetik Leni Riefenstahls, die die angebliche Überlegenheit einer Rasse in der Physis ihrer Mitglieder spiegeln wollte.

Das Motiv zierte eine Single des deutschen Rappers Fler (geboren 1982). Der Song heißt »Deutscha Bad Boy« (2008) und war der Beweis, wie gut man sich beim Plattenlabel Aggro Berlin aufs Zündeln mit Ikonographien verstand. Die Ambivalenz der Zeichen nutzte man auch beim Namen des Albums: *Fremd im eigenen Land* hieß schon einmal eine Platte, das Debüt der multiethnischen Heidelberger Hip-Hop-Truppe Advanced Chemistry aus dem Jahr 1992.

Damals bezeichnete der Titel das Dilemma von in Deutschland lebenden Migrant:innen, mit zwei Kulturen konfrontiert zu sein; sich in der eigenen Tradition, aber auch im deutschen Alltag zurechtfinden zu müssen. Bei Fler, dem aus Berlin stammenden Hip-Hop-Star, bekam der Slogan eine raffiniert bösartige Mehrdeutigkeit.

Denn sagt ein Migrant mit deutschem Pass, dass er fremd im eigenen Land sei, weist er auf eine Differenz hin, mit der es sich schwer leben lässt. Für einen Deutschen hingegen heißt dies, dass man mit dem Differenten, dem Anderen und Fremden, nur schwer leben kann. Zeilen wie »Ich bin ein Deutscha mit Ehre, bin deutsch in der Seele« (»Ich bin Deutscha«) und »Blaue Augen, weiße Haut, tätowiert, breit gebaut« (»Deutscha Bad Boy«) verschärften das Spiel mit riskanten Bedeutungen. Fler kokettierte mit jenen Klischees vom starken Germanen, von denen er sich in Pressemeldungen dann wieder distanzierte.

»Ich bin Deutscha, auch wenn es niemand versteht, / Ich bin stolz, auf was ich bin, denn ich hab Identität«: So wurde das kulturelle Selbstverständnis in anti-aufklärerischer Manier nicht über Reflexion, sondern über Motive wie Stolz und Ehre hergestellt.

Den Job der antibürgerlichen Mobilmachung hat Fler irgendwann zugunsten eines korrekteren Rollenprofils aufgegeben. Im Jahr 2022 nahm er mit »Bist du glücklich« einen Song auf, dessen zentrales Thema die Auseinandersetzung des Underdogs aus West-Berlin mit dem neubürgerlichen Spießer aus dem Prenzlauer Berg war. Mit ein paar Versen wurde ein sich zuspitzendes gesellschaftspolitisches Dilemma aufgefächert.

Die Kluft zwischen Unter- und Mittelschicht, zwischen prekär lebenden Migranten und etablierten Kulturbürgern wurde zunehmend größer. Fler hat, wie so oft, seine Beats mit dem Puls der Zeit aufgeladen. Sein männliches Timbre und der straighte, am Rap der 90er Jahre orientierte Sound lassen ihn streckenweise etwas altmodisch wirken. Dennoch habe ich mit Fler-Songs deutschen Hip-Hop schätzen gelernt. Dass er sich den identitätspolitischen Spannungen, die Deutschland mehr und mehr umtreiben, widmet, macht ihn für mich zu einem wichtigen Hip-Hop-Künstler. Ohne Fler wäre der deutsche Rap um eine kompromisslose Spielart ärmer.

Capital Bra und Haftbefehl

Durch Capital Bra und Haftbefehl kommt Hip-Hop in Deutschland dort an, wo er in Amerika herkam. Er wurde ein Unterschichtengenre und eine mächtige, nie mehr zu überhörende Stimme migrantischer junger Männer. Wurde der US-amerikanische Rap in New York von Schwarzen und Hispanics aus der Taufe gehoben, steht zu Beginn der deutschen Hip-Hop-Geschichte eine »biodeutsche« Combo namens Die Fantastischen Vier. Der Spaß-Rap der Stuttgarter, so historisch wichtig er ist, ist heute obsolet. Die wichtigsten Stimmen sind gemischtsprachig.

Capital Bra heißt Vladislav Balovatsky, wurde 1994 in Sibirien geboren und besitzt die ukrainische Staatsbürgerschaft. Er hat den deutschen Hip-Hop herausgefordert und für die Zukunft fit gemacht.

Haftbefehl heißt Aykut Anhan (geboren 1985), er kommt aus Offenbach am Main. Sein Vater war Kurde (er nahm sich das Leben, als Anhan 14 Jahre alt war), seine Mutter ist Türkin. Was er mit Hip-Hop auf rhetorischer Ebene angestellt hat, das kann man innovativ nennen. Es wäre aber untertrieben. Mit

Haftbefehl wird deutscher Hip-Hop sprachlich so anspruchsvoll wie expressionistische Lyrik. Wenn das abgenutzte Wort Straßenpoet jemals etwas bedeutet hat, dann, wenn man es auf Haftbefehl anwendet. Gymnasiallehrer:innen sollten Haftbefehls Texte im Deutsch-Leistungskurs lesen und auslegen. Man begreift mit Haftbefehl mehr von den deutschen Verhältnissen, von der jüngeren deutsch-migrantischen Mentalitätsgeschichte als mit hundert Studien der Friedrich-Ebert-Stiftung zum selben Thema.

Capital Bra macht der Idee der Aufwärtsmobilität alle Ehre. Dass er das mit größtmöglicher Härte gegen sich und die Konkurrenz tut, gehört zum Stilprinzip. »Deutsch ist nicht meine Muttersprache / Aber du kannst dir denken, was ich mit deiner Mutter mache.« Da weiß die deutsche Mehrheitsgesellschaft Bescheid. Die Mütter werden »gefickt«, das sogenannte System sowieso. Ficken heißt in diesem Kontext: Nutzen, geschickt bewirtschaften. Und was haben die Hörer und Hörerinnen von Capital Bra davon? Einen harten, mit zwar schlichten, aber effektiven Beats geboosteten Hip-Hop. Mit Texten, in denen alles zu Wort kommt, was Hip-Hop seit seinen Anfängen befeuert: Aggression, Größenwahn, Machismo, Loyalität gegenüber Freunden, Kritik an gesellschaftspolitischen Ungereimtheiten (hat hier jemand immer weiter auseinandergehende Arm-Reich-Schere gesagt?).

Auch bei Haftbefehl wird eine Sexismusdebatte schon deshalb ad absurdum geführt, weil alle »gefickt« werden: Frauen, Konkurrenten, Polizisten, Anwälte. Haftbefehl ist die Volksmusik des kleinen Mannes, der sich mit dem Größen-Ich eines Moguls ausstattet, aber zu schlau ist, nicht zu wissen, dass man die Kids heute nicht mehr mit verkniffener Ghettolyrik an die Play-Buttons lockt.

Bushido stilisierte sich als Elendsbarde, seine Karriere sollte eine vom »Bordstein bis zur Skyline« sein, wie es in einem frühen Songtitel hieß (2003). Die Skyline war am Ende eine Einladung zu Talkrunden im öffentlich-rechtlichen Fernsehen, ein Einfamilienhaus im Berliner Westen und ein deftiger, von deutschen Illustrierten verwerteter Erpressungsskandal.

Derart bürgerliche Allüren treiben Haftbefehl nicht um. Es gibt bei ihm keinen Wunsch nach sozialer Aufwärtsbewegung. Es gibt nur die grotesk überzeichnete Inszenierung des Tauschs. Und wo man die Euros, Dollars, Pesos scheffelt (alle Währungen kommen in den Songs von Haftbefehl vor), ob im Untergrund, in der Chefetage, im Wohnsilo oder im Nobelbordell, das ist letztlich egal. »Ich zähl' die Millen, chill' in Villen, du bist still, Digger / Keine Zeit für Facebook und Unsinn zu twittern« – so spricht der Rapper, und so denken sich's vermutlich auch Fondsmanager und Investmentbrokerinnen, die ebenfalls für neue Kulturtechniken nur wenig Zeit haben. Denn Zeit ist Geld.

Haftbefehls Rap-Sprache: ein Idiom, das sich durch die Nationalsprachen sämtlicher Migrantengruppen in Deutschland fräst: das Bruce Lee auf Tunceli, eine kurdische Provinz, reimt. Ein Slang, der Slangformen verwurstet, also Hyperslang, Metasprache geworden ist: Das kriegt so keiner hin wie Haftbefehl. Dazu brettern tonnenschwere Beats, im Hintergrund wimmern arabische Sänger, auf Mickymaus-Höhe verzerrt. Das Nationale wird hier so schnell Zitat, dass man gar nicht hinterherkommt mit der Diagnose: Travestie? Chauvinismus? Beides?

Nach der Auflösung des Aggro-Berlin-Labels 2009 hieß es eine Zeitlang, Straßen-Rap sei tot. Dann kam Haftbefehl aus Offenbach, einer auch auf den zweiten Blick ziemlich prekär wirkenden Stadt am Rand von Frankfurt a. M. Sein derber, düsterer, rundherum schlüssiger Sound und seine berauschende Rhetorik krempelten den deutschen Hip-Hop um.

Auf dem Cover seines Albums *Blyat* (russisches Slangwort für »Fuck«) von 2017 sieht man Capital Bra auf dem Asphalt liegen. Arme auf den Rücken gedreht, Handschellen. Neben ihm mehrere Päckchen Kokain. »Wie alles begann« ist ein Song, mit dem man das Drama der migrantischen Underdog-Existenz sofort begreift. Die Anfänge des Rap-Stars in Armut, als er »sich einen Döner teilt« mit Freunden, weil für ein ganzes Essen das Geld nicht reicht.

> Auf einmal magst du mich, denn du siehst andre Klicks / Ach, geh mal weg, du Fix, denn ich vergesse nix / Ich vergesse nix, in meinem Kopf ist zu viel Hass / Kennst du diese Leute: »Ja, ich wusste immer, dass du's schaffst«?

Capital Bra kann man nichts vormachen: Eine politische Korrektheit, die sich in Bekundungen des guten Gewissens gefällt, aber den Migrant:innen die Tür vor der Nase zuschlägt, wenn es anstrengend und kostspielig wird, kann ihm gestohlen bleiben. Capital Bras Gesellschaftskritik ist kompromisslos, unversöhnt, wortmächtig. Damit hat auch er Hip-Hop für die Gegenwart vom Kopf auf die Füße gestellt.

»Fresse halten, Pussy Boy«: Weibliche Rap-Revolution mit Shirin David, Badmómzjay und Haiyti

Das Beste, was deutscher Rap meiner Ansicht nach zurzeit zu bieten hat: die Frauen.

Eine von Nicki Minaj und Lil' Kim abgeschaute Rap-Barbie, deren Punch mindestens so hart ist wie der von Haftbefehl.

Eine junge Berlinerin, die, wie es aussieht, deutschen Rap in eine aufregende, feministische, mit Aggression und rhetorischer Wucht geboostete Zukunft führen wird.

Eine Falco, Hildegard Knef und die Punk-Bewegung beerbende Rapperin aus Hamburg, die überall verblüfft: in der Hauptstadt, im Club, im SUV, im Germanistikseminar, auf der Straße.

Das sind Shirin David, Badmómzjay und Haiyti.

Mit ihrer Auslegung von Hip-Hop wird das Genre wieder verstörend, geistreich, provokativ, derb, melancholisch. Zu einer großen Spielart des modernen Pop.

Shirin David

»Mamas größter Wunsch war, ihre Tochter geht zur Uni / Doch ich geh meinen Weg und mache jetzt all dieses Money«: Das ist Pragmatismus plus Aufwärtsmobilität plus weibliche Selbstermächtigung. Die Zeilen stammen aus dem Track »Bramfeld Storys« von Shirin David (2021). Bramfeld ist ein Stadtteil von Hamburg, und wie viele Hip-Hopper und Hip-Hopperinnen hält Barbara Schirin Davidavičiu , so Shirin Davids bürgerlicher Name, geboren 1995, ihren Herkunftsort in Ehren.

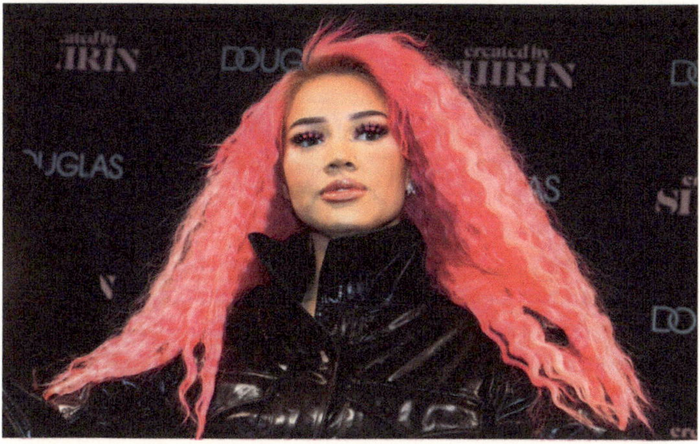

Shirin David präsentiert ihr neues Eau de Parfum »created by Shirin«, 2020

»Bramfeld Storys« ist eine präzise Beschreibung von Davids Karriereweg – von der Schülerin, die gerne rappt, über den jungen YouTube-Superstar, der »mit einem Post 1,5« verdient (aus »Bramfeld Storys«), bis zur Teilnahme an *Deutschland sucht den Superstar* als Jurorin (2017). Mit Dieter Bohlen und dem ausstrahlenden Sender kam es nach Aussage Davids zum Streit. RTL habe ihr permanent in ihre Beurteilungen reingeredet, sie solle außerdem ihren Haarschnitt ändern. 2018 traf David auf den Rapper Shindy, der schon für Bushido die besseren Texte geschrieben hatte. Die beiden nahmen Songs auf, aber Shindy war via Bushido mit dem Abou-Chaker-Clan liiert. Arafat Abou-Chaker soll Shindy und David eingeschüchtert haben. David setzte sich ab und fand andere Produzenten.

In »Bramfeld Storys« sind mehrere Ausschnitte aus Fernseh- und Radiosendungen eingespeist. Moderatorinnen und

Moderatoren referieren verblüfft die enormen Verkaufserfolge von David, ihre diversen Nebengeschäfte von Limonade bis Parfum. Der Effekt dieser Soundschnipsel: Man begreift, wie herablassend die weiße deutsche Mehrheitsgesellschaft auf David reagiert hat. Für Redakteure der bürgerlichen Sender war David vor allem eine Migrantin – David ist litauisch-iranischer Abstammung –, die es mit viel Sex-Appeal und ein bisschen Talent an die Spitze der kapitalistischen Nahrungskette geschafft hat. Tatsächlich ist David eine sehr gute Rapperin. Ihre Texte sind exzellent. Ihr Sound kann streckenweise mit Produktionen von Nicki Minaj und Meghan Thee Stallion, die zu den erfolgreichsten Rapperinnen der USA zählen, mithalten.

Shirin David repräsentiert einen neuen Typus des weiblichen Stars, der heteronormative Cis-Männer ebenso verunsichern muss wie konservative Bürgerinnen, deren Musikgeschmack nicht über Bach und Leonard Cohen hinausgekommen ist. Sie ist provokant, auf offensive Weise erotisch, eloquent und bissig. Der bereits erwähnte Song »Juicy Money« (2021) ist eine Selbstfeier der erfolgreichen Frau, die sich die Verwendungsweisen des selbst verdienten Gelds vorbuchstabiert. Es gibt »Juicy Money«, »Beauty Money«, »Spooky Money«, »Sushi Money«: für jede Alltags- bzw. Geschäftspraxis eine eigene Form des Geldes. Die Feier und gleichzeitige Ironisierung der kapitalistischen Logik hatte es in dieser Form im deutschen Rap nicht gegeben – bis David auftrat.

Die lange vom Kulturbürgertum gepflegte Vorstellung, dass Hochkultur und Popkultur einen Widerspruch darstellen, kommt mit Shirin David an ihr definitives Ende. Aus »Juicy Money« lässt sich eine ganze linguistische Theorie zum Zusammenhang von Sprache und Tauschwert herauslesen – wenn man das will. Man kann aber auch einfach die Stimme

Davids hören, wie sie über den fetten Beat schnarrt, cool und souverän.

Badmómzjay

»Du hast Recht, ja, ich weiß / Ich hab Probleme damit, mich zu entscheiden / Doch bei dir fällt es mir leicht / Denn dich Bastard kann ich wirklich nicht leiden.« Eine Zeile aus dem Track »Tu nicht so« von Badmómzjay. Eine unbeschwert reggae-haft vor sich hin trudelnde Ballade mit einem Text, dass allen Machos die Spucke wegbleiben muss.

Badmómzjay erklärt einem Typen, dass er ein Loser sei, jemand, den man glücklicherweise leicht vergessen kann. Das ist paradox: Man spielt keinen Song ein, um dann dem besungenen Liebhaber zu erklären, dass er keinen Song wert ist. Badmómzjay ist aber eine exzellente Psychologin: In ihren Songs schildert sie das Leben einer modernen Frau, die sich gegen alles Mögliche wehren muss: Sexismus, Arroganz der bürgerlichen Mitte, Konkurrenz im Rap-Geschäft.

Jordan Napieray, Jahrgang 2002, so der bürgerliche Name von Badmómzjay, hat polnische Wurzeln. Sie wuchs in Berlin auf. Mit ihr wird die deutsche Hauptstadt nach Aggro Berlin erneut zum Epizentrum deutscher Rap-Kreativität. Das klingt vollmundig und wird vielleicht den zahlreichen exzellenten Rapperinnen und Rappern aus dem Rest Deutschlands nicht gerecht (der formidable RIN kommt aus Bietigheim, Marteria aus Rostock; der Hip-Hop-Veteran Afrob wuchs in Stuttgart auf). Aber ich glaube, Badmómzjay weist mit Shirin David, Haiyti, Rua und Ebow zusammen den Weg in eine Hip-Hop-Zukunft, in der die alten Sollbruchstellen des Genres – Homofeindlichkeit, Sexismus, Gewaltverherrlichung – überwunden

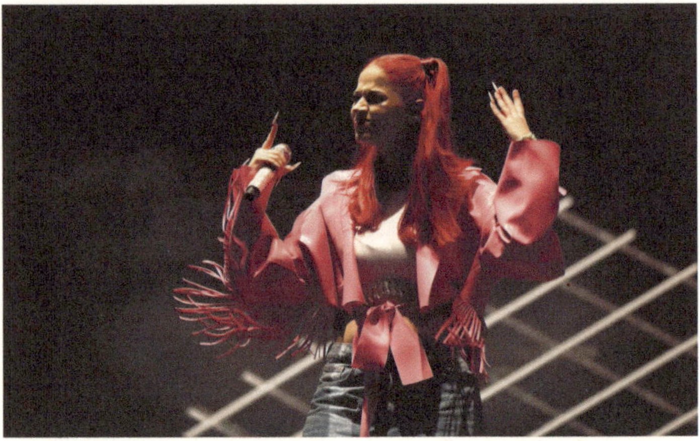

Badmómzjay beim Lollapalooza Festival im Olympiapark Berlin 2022

sind, ohne dass die Musik inhaltlich und soundästhetisch gezähmt worden wäre.

Badmómz., das erste Album von Badmómzjay, ist eine tour de force durch das Leben einer 19-Jährigen, die sich ähnlich wie Shirin David aus prekären Verhältnissen an die Spitze des Popgeschäfts hochkämpft. Der Track »Survival Mode (Intro)«, die erste Auskopplung des zweiten Albums, ist meiner Ansicht nach einer der besten Hip-Hop-Tracks der 20er Jahre. Badmómzjay lässt ihren Werdegang Revue passieren. Sie ruft die Vorurteile auf, die sie beinahe am Aufstieg gehindert hätten. Sie erklärt allen den Krieg, die sie übervorteilen, beschämen und ausbeuten wollen. Der Beat ist konventionell, aber die im Hintergrund mitlaufende Tonspur – ein wie beim Boxkampf »Badmómzjay!« skandierendes Publikum – sagt alles: Diese Rapperin steht im Ring des Verteilungskampfs, und sie wird fighten bis zum Sieg. Badmómzjay rappt ein klares, artikuliertes Deutsch. Anders als Haftbefehl und Capital Bra vermengt sie nicht verschiedene Nationalsprachen und Slang-Idiome. Man kann den Text sofort mitsprechen oder -schreiben. Aber wie sie diese Verse rappt, das ist neu: In der Aussprache pointiert, bis in die einzelnen Silben hinein scharf prononciert, mit einem eleganten und dabei hoch aggressiven Flow. Deutsch wird in den Tracks von Badmómzjay eine musikalische Sprache. Das war sie auch im deutschen Kunstlied, aber welcher Hörer, welche Hörerin unter 70 hört heute noch Schubert? Badmómzjay hören heißt erleben, zu welchen klanglichen Höhen sich Deutsch aufschwingen kann.

Es ist eine wunderbare Pointe, dass eine Migrantin dem »biodeutschen« Publikum dieses Geschenk macht. Badmómzjay ist keine Tochter der oberen Mittelschicht, die Klavier- und Reitunterricht genossen hat. Sie weiß, dass das Sein das Bewusstsein bestimmt und dass Materialismus oft nur ein anderes Wort für Realismus ist. Natürlich will diese Künstlerin Geld verdienen, Mehrwert erzeugen und hierfür ihr Talent zu Markte tragen. Aber wenn dabei solcher Hip-Hop herauskommt – ein harter, in jedem Takt zeitgenössischer und ästhetisch schlüssiger Pop –, dann ist das ein Glück für Hörerinnen und Hörer.

Haiyti

Diese Rapperin arbeitet schnell und hart. Das muss so sein, weil sich der deutsche Hip-Hop, dominiert von Stars wie Bushido, Farid Bang, Kollegah und anderen Lautsprechern einer aggressiv-konservativen Männlichkeit, nicht einfach ergab im Jahr 2016. Damals trat Haiyti (Jahrgang 1993) ins Bewusstsein einer breiteren Öffentlichkeit. Eigentlich trat sie nicht, sie pimprollte auf die Bühne des Popbetriebs. Pimp Roll ist der cool aus den Hüften heraus kreisende, bei Bullterriern und Halbstarken zu beobachtende Gang. Ein bisschen John Wayne, ein bisschen Kampfhund, ein bisschen Zuhälter oder Gangster.

Haiyti beherrscht den Pimp Roll wie keine andere Rapperin. Was kann sie noch? Auf die Bühne springen, wie damals zum Beispiel, im Juni 2016, in einem Berliner Club. Früher Morgen, 3:30 Uhr. Der Rapper Fruchtmax ist gerade aufgetreten. »Wie kann man sich nur so hart gönnen?« war seine letzte Nummer gewesen. Brutal vor sich hin scheppernder Beat. Der Text: eine Feier der drogeninduzierten Selbstauslöschung, getarnt als Partyspaß. Wirklich ein großer Song (es gibt eine Version mit Trettmann und Haiyti – immer zu hören, wenn die Drei-Promille-Grenze überschritten wird).

Fruchtmax exit. Auftritt Haiyti. Im Publikum Pogo-Stimmung. Muskelbepackte Beaus, man trägt den Torso vorzugsweise nackt und mit Tattoo. Die Girls auf Trennkost: Gin und Amphetamine.

Haiyti, ein Miniaturderwisch des Hip-Hop-Entertainments (sie ist 1,55 Meter groß), stürmt im schwarzen Adidas-Dress die Bühne. Sie juchzt ein paar Mal schnell hintereinander, mehr ein verzweifeltes Schluchzen als ein Stöhnen, aber unverkennbar ihr Schlachtruf.

Der Bass fräst einen Laufsteg in den Raum, über den ihre Verse paradieren: »Ich tätowiere mir ein Messer / Direkt unters Herz.« Ihre Stimme perforiert die tonnenschweren Beats, und alle singen mit: die Macker, die Ladys, die Hip-Hop-Fans und jene, die Rap nicht mögen, wenn er nach Rap klingt.

Als Zuhörer:in kassiert man Dezibelschläge und staunt, wie sie das alles vermengt: die Energie des Punk, die Coolness der Neuen Deutschen Welle, die Melancholie des Chansons, so

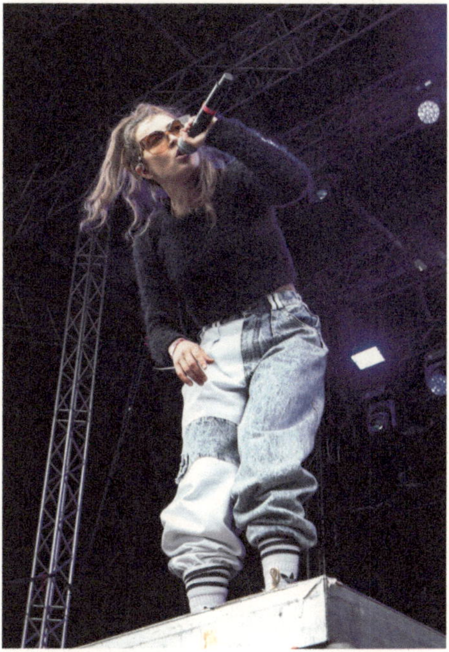

Haiyti beim Hurricane Festival 2018

wie ihn die Knef gesungen hat. Vielleicht ist das die gültige Vergleichsgröße: die größte Chansonnière der deutschen Nachkriegsjahre, aufgeraut, tiefergelegt und unter Strom gesetzt mit dem Zorn des Hip-Hop.

Die vom Produzentenduo KitschKrieg zusammengebauten Tracks und Alben markieren die erste Phase von Haiytis Karriere. Ronja Zschoche, so Haiytis bürgerlicher Name, fängt an als sogenannte Underground- und Straßen-Rapperin. In ihren Videos taumelt sie mit Tennisschläger und Martini-Flasche über einen Court und rappt: »Sergio Tacchini, Sergio Tacchini,

Sergio Tacchini / Er denkt, ich spiele Tennis / Aber ich trinke nur Martini.« Sergio Tacchini ist eine in Vergessenheit geratene italienische Sportmodenfirma. Ihre Glanzzeit hatte sie in den 80er Jahren. In den späten 10er Jahren dann entdeckten Hipster die heiter-bunte Ästhetik der Marke neu und trugen die Trainingsanzüge und Windjacken in Clubs oder an der Uni (auch die italienische Marke Fila kam auf diese Weise zu einem Comeback).

Die Martini trinkende Frau, die ihren Mann glauben lässt, sie lasse sich mit Tennisstunden bei Laune halten, passt perfekt ins fiktionale Figurenrepertoire von Haiyti. Die Revolte gegen bürgerliche Normen wird ironisiert. Die weibliche Revolte ist bei Haiyti nicht ohne Augenzwinkern zu haben. Wobei man sich dieses Augenzwinkern wie im Stroboskoplicht vorstellen muss: als flirrende Geste, die die Verhältnisse mit Aggression und Witz konterkariert.

Im Jahr 2017 kam Haiyti beim Major-Label Universal unter Vertrag. Neue Produzenten, deutlich größere Budgets, aufwendige Videoproduktionen waren die Folge. Ihre Songs, oft mit Autotune, der quengeligen Verzerrung der Stimme, eingespielt, wurden radiotauglicher und pendelten sich zwischen Nena und Nicki Minaj ein.

War sie Ende der 10er Jahre noch das punkige Rap-Girl gewesen, das man – insofern man paternalistische Anwandlungen hatte – vor sich selbst und der eigenen Zerstörungswut beschützen wollte, wurde sie unter der Regie von Universal zur Lady-Gaga-haft verstrahlten Nachwuchs-Hip-Hop-Diva. In ihren Videos trat sie als karnevalesk zurechtgestyltes Alien auf. Die Songs handelten weiterhin von Drogendeals und Liebschaften mit Gangstern. So richtig zurechtbiegen im Sinne breiter Zielgruppenkontakte ließ sich Haiyti aber nicht. Ihre

Texte waren weiterhin schräg an der Grenze zur Unverständlichkeit. Die Beats waren zwar nicht mehr so spröde-kantig wie zu KitschKrieg-Zeiten, aber immer noch sperrig im Vergleich zur hüpfenden Heiterkeit des Radiopop-Mainstreams.

Der Auftakt ihres 2021 erschienenen Albums *Speed Date* ist bezeichnend. Zitat aus dem Titelsong:

> Du hörst mir nicht zu / Was ich sage, ist true / Ich sehe Monster überall, sie sagen ›Boo‹! / Du hörst mir nicht zu / was ich sage, ist true / Ich bin Haiyti One, doch wer bist du? […] / Ich rede mit Dämonen, was soll der Spuk? / Um was zu machen, brauche ich kein Tool / Der fliegende Teppich ist aus Kabul / Ich rauche Ice, ich rauche Glut / Dein Leben ist vorbei, nur wenn ich's tu // Bin ich schon verrückt? Ich weiß nicht, ich will nicht so enden / Ihr habt mich soweit, will meine Seele schon verschenken / Ich weiß, ich bin nicht tot, denn ich sehe auch keine Engel / Dämonen hinter mir, sie reden, als ob sie mich kennen

Der Beat ist schwer und schleppend. Die Orchestrierung wie fast immer bei Haiyti spärlich. Filmscores aus Horrorfilmen werden zitiert, eine bedrohliche Soundkulisse, in die sich die Stimme der Rapperin hineinschraubt. In vielen Haiyti-Tracks ist vom Tod, von Angst und Sucht die Rede. Man kann ihr schnell eine Todessehnsucht attestieren, so oft wie sie in ihren Songs den Tod und die Selbstauslöschung besingt. Allein deshalb ist sie einzigartig im deutschen Rap-Geschäft: Sie sieht aus wie ein französischer Filmstar der 70er Jahre, der in einem Berliner Hipstermodeladen die Kontrolle verloren hat, rappt aber über Themen, an die sich Haftbefehl und Capital Bra nicht herantrauen.

Man darf Kunst nicht psychologisieren, aber bei Haiyti dürften Psychoanalytiker:innen ihre Freude haben. Welche Traumata werden hier besungen? Welche Verletzungen in der Musik reinszeniert? Man könnte Haiytis Kunst aber auch kulturkritisch aufladen: Ist das nicht das unbehauste moderne Subjekt, das sich vor den Gespenstern jener instrumentellen Vernunft gruselt, die es mit seinen Innovationen selbst heraufbeschworen hat?

Letztlich kommt man so nicht weiter. Pop auf eine ideologische oder psychologische Idee zu reduzieren, reduziert eben: den Hörspaß, das Glück einer freien ästhetischen Erfahrung. Dennoch gibt es Haiyti-Tracks, die ich nur hören kann, wenn ich innerlich gefestigt und guter Dinge bin. Weil sie so verstörend und anrührend sind. So brutal ehrlich und direkt.

Beispiel: Der Song »Angst« (2017). Hayitis Stimme überschlägt sich schon im ersten Vers. Sie juchzt und kiekst den Text mehr als dass sie ihn rappt.

> Ich hab Angst, ich zieh wieder durch die Nacht / Ich trink viel mehr als ich kann / Marokks halten meine Hand. […] // Ich finde keinen Frieden denn ich glaube an die Liebe / Gefühle überwiegen, ich fange an zu lügen

Ich erspare uns eine Auslegung. Ich denke, der Text sagt alles – über die Verzweiflung, in die man geraten kann, wenn man liebt und damit verletzlich wird.

Kann man von Hip-Hop mehr verlangen: dass er ausdrückt, was uns im Innersten bewegen und verstören kann? Ich glaube nicht. Besser wird es nicht. Hip-Hop war selten besser als mit Haiyti.

Outro:
Hip-Hop zwischen No! und Go!

Zum Abschluss möchte ich ein Problem ansprechen, das alle Hip-Hop-Liebhaber:innen irgendwann beschäftigt, provoziert und abstößt: die Nähe des Genres zu Sexismus, Gewaltverherrlichung und Antisemitismus.

Antisemitische Äußerungen von Hip-Hop-Stars sind zum Glück bisher Einzelfälle gewesen. Zitat aus dem Song »0815« von Kollegah und Farid Bang aus dem Jahr 2018: »Und wegen mir sind sie beim Auftritt bewaffnet / Mein Körper definierter als von Auschwitz-Insassen.« Die Textzeile sorgte für einen Skandal. Die Rapper entschuldigten sich für den Text und besuchten im Oktober die KZ-Gedenkstätte Auschwitz.

Auch Haftbefehl hat sich antisemitisch in einem Song geäußert. Im Song »Mama, reich mir deine Hand« rappte der damals 16-Jährige:

> Ein Grund für die Bullen, du bist Moslem, du wirst observiert / Du nennst mich Terrorist, ich nenn dich Hurensohn / Geb George Bush einen Kopfschuss und verfluche das Judentum / Hab euch durchschaut und sage das zu eurem Krieg /

> Ihr wollt nur Waffen verkaufen und die Taschen voll mit Kies«

Haftbefehl hat sich später in einem Interview mit der Tageszeitung *Die Welt* von diesem Text distanziert (2014):

> Ich bin unter Türken und Arabern aufgewachsen. Da werden Juden nicht gemocht. Es gibt ja auch keine dort. Ich will Ihnen verraten, wie ein 16-jähriger Offenbacher tickt: Für den ist alles, was mächtig ist und reich, aus seiner beschränkten Sicht jüdisch. Er hängt mit anderen 16-Jährigen herum. Sie hassen alles. Deutsche sind für sie Kartoffeln. Davon habe ich mich freigemacht.

Im November 2013 präsentierte Bushido eine Karte des Nahen Ostens mit dem Schriftzug »Free Palestine«. Die Karte zeigte das gesamte Heilige Land – die Palästinenser-Gebiete und Israel – eingefärbt in Rot-Weiß-Schwarz-Grün, den Nationalfarben der Palästinenser. Die Botschaft des Bildes war unmissverständlich: Eine friedliche Koexistenz von Israel und dem Palästinenserstaat ist keine Option. Der Judenstaat soll verschwinden. Bushido hat sich von dieser Haltung mittlerweile distanziert.

Bushido, Kollegah und Farid Bang sind Hip-Hop-Superstars. Ihren Einfluss kleinzureden erübrigt sich in Anbetracht der Streaming-Zahlen. Zu sagen, solche Texte seien lediglich Rollenlyrik und fielen deshalb unter die Freiheit der Kunst, hieße, den Einfluss leugnen, den die Popkultur auf Heranwachsende (und nicht nur sie) aufgrund einer umfassenden Medialisierung der Gesellschaft heute hat.

Auch sexistische, frauenfeindliche und homofeindliche

Äußerungen von Rap-Stars vergiften das Genre mit Hass. In dieser Hinsicht müsste die Geschichte des Hip-Hop immer wieder untersucht und einer Revision unterzogen werden. Es ist gut, dass Jay-Z heute nicht mehr verbal über »bitches« herfällt. Dass Fler zwar im Track »Bist du glücklich« (2022) eine Frau als ignorant und opportunistisch beschreibt, dabei aber anders als früher ohne explizite sexistische Diffamierungen auskommt.

Alle, die Hip-Hop lieben oder das Genre näher kennenlernen wollen, sollten aufmerksam auf diese destruktiven Töne hören. Rapper, die Antisemitismus, Gewalt gegen Frauen, die Verunglimpfung von Homosexuellen oder Menschen mit Behinderung textlich inszenieren und fördern, haben keine Aufmerksamkeit verdient. Kein bisschen.

Zum Glück haben Hass und Diffamierung nicht das letzte Wort im Hip-Hop. Im Gegenteil. Täglich treten neue Künstler:innen ins Rampenlicht. Auf den digitalen Märkten können Talente schneller Aufmerksamkeit erzeugen. Hip-Hopper:innen auf der ganzen Welt nutzen diese Chance für ihre Kreativität. In Nordamerika und Deutschland, den hier besprochenen Hip-Hop-Szenen, findet eine Öffnung des Genres statt. Hip-Hop saugt Stile auf wie ein Schwamm, streckenweise klingen Alben bekannter Rapper:innen gar wie Schlager. Auch eine Pointe: dass eine Sparte, die eigentlich das Eigene feiert und glorifiziert (Schlager), zur klangästhetischen Inspirationsquelle jener Popform wird, die alle Kulturen und Ethnien amalgamieren kann (Hip-Hop). Die Rapper Trettmann und Apache 207 haben keine Berührungsängste mit den Klangkulissen von Elektro, Indiepop oder eben Schlager. Ein Track wie »Auf die Party« (2023) von Badmómzjay und Domiziana erinnert in seiner vor sich hin pumpenden Heiterkeit an Ballermann-Mallorca-Szenarien. Ist das gut? Auf jeden Fall. Hip-Hop löst eben das Glücksversprechen der Postmoderne ein: dass man Stile mischen und Kunstformen verunreinigen kann und daraus etwas Neues, Überraschendes entsteht.

Abgenickt:
Zwanzig Tracks zum Rein- und Weiterhören

Zwanzig Tracks, um sich in Hip-Hop zu verlieben (mir passiert es immer wieder). Die Playlist zum Mithören finden Sie online unter https://www.reclam.de/hip-hop bzw.

1. **Eric B & Rakim: Don't Sweat the Technique (1992)**
   Der Titel sagt alles: Locker bleiben, sich dem Flow anvertrauen. Rakim kann das wie wenige andere Rapper.
2. **Heavy D & The Boyz: More Bounce (1989)**
   Es bouncet, und wie. Mit einem tollen Funk-Sample der Gruppe Zapp. Auf der Party auflegen und »den Swag aufdrehen« (Money Boy).
3. **Public Enemy: Bring that Beat Back (2005)**
   Volle Kanne Funk plus Hip-Hop. Und Chuck Ds Stimme ist das perfekte Organ, um zu erklären, was Sache ist.

4. **Nas & AZ: Life's a Bitch (Remix #1) (2007)**
   Alles fließt. Hat Heraklit vermutlich nach Hören dieses Tracks gesagt.
5. **Queen Latifah: Court Is in Session (1998)**
   Politischer Hip-Hop-Funk. Kopfnicker-Klassiker.
6. **De La Soul feat. Snoop Dogg: Pain (2016)**
   Der Hip-Hop-Hund und die funky Schlauberger: geniale Kollaboration.
7. **DJ Khaled feat. Kanye West & Eminem: Use this Gospel (Remix) (2022)**
   Gospel goes Hip-Hop. Oder umgekehrt? Egal. Es kesselt, bewegt, instruiert.
8. **Nicki Minaj: Barbie Tingz (2018)**
   Barbie als feministische Ikone? Yep, so klingt das dann.
9. **Cro: Alles Dope (2021)**
   Sweet, lässig, elegant, poppig.
10. **Capital Bra: Gott ist mein Zeuge (2022)**
    Bretthart, vertonte Impulskontrollstörung. Zu hören bei Motivationsschwäche.
11. **Haiyiti, KitschKrieg & SFR: Sergio (2016)**
    Kokett, bisschen fies, sehr lustig.
12. **Rua: WOW (2023)**
    Nachhilfe für die bürgerliche weiße Mittelschicht, was migrantisches Leben heute bedeuten kann.
13. **Shirin David feat. Kitty Kat: Be a Hoe / Break a Hoe (2021)**
    Männer anschnallen: der Track tut weh und macht soooooo viel Spaß.
14. **Badmómzjay: Survival Mode (Intro) (2022)**
    Großer Ich-hau-alle-in-die-Pfanne-Track, feiner Diss, exzellenter Rap.

15. **Ebow: Prada Bag (2022)**
    Siehe 12.

16. **Haftbefehl: Generation Azzlack (2013)**
    Idealer Einstieg in das Werk des größten lebenden expressionistischen Dichters.

17. **Kendrick Lamar feat. Beth Gibbons: Mother I Sober (2022)**
    Ein großes bewegendes Gedicht. Wer hier nicht heult, ist irgendein KI-Programm.

18. **Luciano, Aitch & BIA: Bamba (2022)**
    Wenn man endlich mal wissen will, wie belastbar Trommelfelle wirklich sind.

19. **Young M.A: Walk (2017)**
    Die Lieblings-Rapperin des Autors; cooler geht nicht, düsterer auch nicht.

20. **Trettmann, KitschKrieg & SFR: 6 Nullen (2023)**
    Ein Track wie ein trauriger schöner Film, den man auf Codein oder im Halbschlaf sieht.

Lektüretipps

Breitenwischer, Dustin: Die Geschichte des Hip-Hop. 111 Alben. Stuttgart 2021.

Chang, Jeff: Can't Stop Won't Stop. A History of the Hip-Hop Generation. New York 2005.

Cohn, Nik: Triksta. Leben, Tod und Rap in New Orleans. München 2008.

Cooper, Martha: Hip Hop Files. Photographs 1979–1984. New York 2004.

DJ Tomekk: Ich lebe für Hip Hop. Die Autobiografie. München 2020.

Foster Wallace, David / Costello, Mark: Signifying Rappers. Warum Rap, den Sie hassen, nicht Ihren Vorstellungen entspricht, sondern scheißinteressant ist und wenn anstößig, dann bei dem, was heute so abgeht, von nützlicher Anstößigkeit. Köln 2014.

Klein, Gabriele / Friedrich, Malte: Is This Real? Die Kultur des Hip-Hop. Frankfurt a. M. 2003.

Melle, Thomas: Beastie Boys. Thomas Melle über Beastie Boys, die beste Band der Welt, über frühe Konzerte und späte Versäumnisse. Köln 2022.

Rose, Tricia: The Hip Hop Wars. What We Talk About When We Talk About Hip Hop – And Why It Matters. New York 2008.

Wehn, Jan / Bortot, Davide: Könnt ihr uns hören? Eine Oral History des deutschen Rap. Berlin 2019.

Bildnachweis

S. 6: © Pictorial Press Ltd / Alamy Stock Foto; S. 15: © akg-images / Paul Kalkbrenner; S. 35, 47: © RGR Collection / Alamy Stock Foto; S. 38: © ZUMA Press, Inc. / Alamy Stock Foto; S. 56: © PA Images / Alamy Stock Foto; S. 70: © Randy Duchaine / Alamy Stock Foto; S. 79: © IMAGO / Sven Simon; S. 87: © IMAGO / Future Image; S. 90: © IMAGO / Martin Müller; S. 93: © akg-images / Jazz Archiv / Katja Bšhm; Autorenfoto: © Maximilian Probst